直感はわりと正しい

内田樹の大市民講座

内田　樹

朝日文庫

本書は二〇一四年十一月、小社より刊行された『内田樹の大市民講座』を改題したものです。

肩書・団体名などは、原則として初出時のものです。

まえがき

みなさん、こんにちは。内田樹《うちだたつる》です。

この本は２００８年から『ＡＥＲＡ』に連載されていた９００字コラムを採録したものです。最初は養老孟司《ようろうたけし》先生と交替で隔週に書いておりました（そのときのタイトルが「大市民講座」）。その後、養老先生が勇退されて、執筆陣が４人（姜尚中《カンサンジュン》、浜矩子《はまのりこ》、福岡伸一のお三方と僕）のコラム（「ｅｙｅｓ」）に代わりましたが、引き続き僕は書き手として加わっております。

書き始めて６年半が経ちました。その間、月２本ペースでずっとコラムを書き続けてきたわけです。原稿用紙２枚ちょっとの短文とはいえ、「塵《ちり》も積もれば」で単行本一冊分。貯金箱にせっせと１００円玉を入れているうちに気がついたら自転車が買えるくらい貯まって喜んでいる子どものような気分であります。

コラムのテーマは政治経済社会文化とばらばらです。それを編集の中島美奈さんが六つのカテゴリーに分けてエディットしてくれました。古いものはもう６年以上前の話ですから、今読むと「ずいぶん古い話だな」と思われることと思います。でも、古いネタでも読む楽しみはあります。第一はそのときに僕が「これからこうなる」と予言したことが果たして当たったかどうか検証する楽しみです。

僕はわりとこまめに「これからこうなる」という予言をします。外れると自分の仮説が間違っていたことがわかるからです。自然科学の実験と同じです。仮説を立てる、実験する、仮説が間違っていたら反証事例が出てくる、それが説明できるような仮説に書き換える。その繰り返しです。このプロセスが円滑に進むためにはできるだけ仮説は一意的でシンプルな方がいい。

どんな結果が出ても「うむ、たぶんこうなると思っておりました。すべて私の仮説の想定内です」と言うためには、どうとでも読める玉虫色の仮説を立てる必要がある。そういう書き方をするメディア知識人は少なくありませんが、それは科学的知性のとるべき態度ではありません。

間違ったっていいじゃないですか。むしろ間違えるときはきっぱり間違える方が集団的な知の進歩と深化にとっては有用だと思います。

ですから、僕ははっきり予言することにしています。それが外れ続ければ、読者も僕の書いたものを読むとき「こいつ通算打率低いからなあ……」ということになって割り引いて読みますから僕の書きものが世間にもたらす害毒は少なくて済む。予測が当たり続ければ、「じゃあ、今度も当たるかな」と思って頂ける。ですから、どうぞ読者の方は僕の予測の当たり外れをチェックしながら読んで下さい。たぶんプロ野球の一軍選手くらいの打率には達していると思います（希望的観測）。

古いテクストを読むときの第二の楽しみは「リーダビリティとは何か？」という問いを考える機会になるということです。リーダビリティというのは「読解可能性」のことですけれど、もっとこなれた日本語で言い換えると「読み甲斐」ということです。

メディアが送り出す「ニュース」の場合は、速報性ということが最大の「読み甲斐」です。だからこそ、「号外」というものが発行され、「特ダネ」を記者たちは血眼《ちまなこ》で追いかけもする。その代わり、文体であるとか修辞であるとか論理の運びであるとかいうことは「ニュース」において副次的な重要性しか持たない。

この本のような日付が古いテクストには「速報性」も「特ダネ」も含まれていません。「ニュース」として読んだ場合に価値は果てしなくゼロに近い文章です。さて、書かれてから何年も経ったときに読み返される時評的テクストの「リーダビリティ」とは何でしょう。

それについて考えながら、みなさんにはこの本を読んで頂けたらと思います。

では、また「あとがき」でお会いしましょう。

最初に掲げるのは連載コラムの執筆陣とタイトルが変わったとき（2013年5月13日）に掲載されたものです。どういう趣旨のコラムであるか、ちょっと気合を入れて書いています。文章もこのエッセイはぜんぶ「だ・である」というきっぱりした論文調の文体になっておりまして、その点でも、ふだん僕のちょっと生ぬるい文章を読み慣れている方にとっては新鮮ではないかと思います。

では、「生ぬるいウチダ」とはまた「あとがき」で。

新連載開始のご挨拶

今週から新しいコラムを書くことになった。字数は同じだが、タイトルが変わった。

5年前にどうして「大市民講座」というタイトルを選んだのかを考えた。「小市民」という言葉は日本語の語彙にあるが、「大市民」はない。むかし植木等が主演した「大市民」というテレビドラマがあった。平凡なサラリーマンがあるきっかけで、おのれの市民的責任に気づくという話であった。市井の人々は今日一日を何とかやり過ごすことに精一杯である。でも、たまには子や孫の世代にまで想像の範囲を拡げて、自分が今なすべきことを考えるべきではないか、というのが「大市民」というドラマに脚本家が込めた思いではなかったか。とりあえず私はそういう含意を込めて題を撰《せん》した。

「eyes」の四つの「眼」のうちの一つとして私が自分に課すのは「できるだけ広い射程のうちでものごとを見る」ことに尽くされる。日本以外の国々や地域では、人々が何を考え、何を感じているか。遠い過去や遠い未来では、人々はどんなふうに生きているのか。「今・ここ」以外を参照枠にして「今・ここ」を考察する。

そういう作業をメディアはやりたがらない。「今起きていること」の重大性を過大評価するのはメディアの宿命である。「ニューズ」が取扱商品なのだからそれも当然である。「新しいこと」を専一的に報道するのがメディアの存在理由だと思い込まなければ、身体をすり減らすようなタフな取材はできない。けれども、それゆえにメディアは「広い射程」で出来事をとらえることを忌避する傾向にある。

「広い射程」でとらえると、「新しい」と見える出来事の多くは「過去の亡霊」「借り物の言葉」「古い衣装」の再使用であることが知れるからである。そう看破したのは『ルイ・ボナパルトのブリュメール18日』のマルクスである。私はマルクスの洞見に与《くみ》する。

別に「天が下、新しきことはなし」というようなシニスムを私は語っているのではない。逆である。「過去の亡霊」の甦りにいちいち大騒ぎしたくないのは、「真に前代未聞のこと」が起きたときに適切に驚きたいからである。

直感はわりと正しい●目次

直感はわりと正しい

内田樹の大市民講座

第1講

大市民のための生き方・仕事論

「何でも食える」ことのたいせつさ

何でも食える。どこでも寝られる。誰とでも友だちになれる。生存戦略上の三大原則である。特に「何でも食える」は生き延びる上でたいへん有用な資質だ。

現在の食品行政は万人にとって安全な食物をどう確保するかをめざしている。メディアも「安全な食品を」と唱和している。だが、そろそろ発想の転換が必要ではないか。食品業者の衛生意識の低下も問題だが、人間の「食べる」能力の低下の方がより深刻なように思われる。

例えば、多少の毒や腐敗物なら「食べても平気」というタフな消化器を私たちはもう持っていない（祖先たちはごく最近までそのような能力を備えていた）。賞味期限を見なくても、匂いと舌触りで「食べられないもの」を検知できる能力もあらかた失われたようである。

わが国の食文化はどうやら有史以来の繁昌のようであるが、ヴィンテージもののワインの年号を言い当てる能力よりは、「食べられるものは何でも食べられる」能力を涵養する方が急務であろう。

現代人のひよわでデリケートな消化器でも耐えられる無菌で安全な食品を製造するために要するコストと、「食べられるもの」と「食べられないもの」を自力で選別できる（無理すれば「食べられないもの」でも食べてしまえる）身体を養成する教育コスト。両者を比較すれば、どちらが費用対効果にすぐれているかは考えるまでもあるまい。

（２００８年３月17日）

格差論と拝金主義

ウィキペディアによると、私は「保守派リベラル」に分類されている。格差論に対して「金のことなど気にしなければよい」という立場を取っているせいらしい。だが、私は別に劣悪な環境で働く労働者に「それで我慢しろ」と言っているのではない。現状を無傷で切り抜けたければ、とりあえずは意地でも「金の全能性」を認めない方がいいという「マインドセットについてのご提案」をしているだけである。

メディアが格差を取り上げるとき、問題にされるのはほとんどつねに年収である。だから、格差を解消するための方途としてメディアは「貧しい人にもっと金を」ということしか提案しない。それは表面的には整合的な意見に思えるが、無言のうちに「金さえあればこの世の問題のほとんどは解決する」という拝金主義イデオロギーに同意署名していることである。

拝金主義イデオロギーが瀰漫《びまん》することで果たして貧しい人はより幸福になるのか、より不幸になるのか、どちらであろう。

私は若いとき当然ながら長く貧乏であったけれど、それでもたいへん愉快に生きてきた。それは生活上の不都合を「金がないこと」で説明する習慣を持たなかったからである。若いときの私の生きづらさの理由の過半は私が無知であったり、情緒的に未熟であったりすることに起因しており、それは多少の金でどうにかなるものではなかったからである。

（2008年6月9日）

「記号」がつくる「物語」

中産階級の家庭に育ち、短大を出て、非正規ではあれ就業していた五体満足な青年が、世の不幸を一身に背負った殉教者のような言葉づかいで自分を語ることが私は不思議でならない。年収8万円のニカラグアの日雇い農民には、彼の自己卑下の理由はついに理解不能に違いない。

彼が自分に与えた「弱者」という規定はこの社会集団の中では有意かもしれないが、その外部では意味をもたない。そういうものを私たちは「記号」と呼ぶ。

〔秋葉原〕無差別殺人を犯した彼は派遣先の工場で作業着がなくなったことを解雇の「記号」と解釈して凶行を決意した。事件の社会的影響は「ワイドショー独占」というメディアの「扱い」によって考量された。殺す相手は「誰でもよかった」のは、それが彼のメッセージを運搬する媒体にすぎないからである。

この事件の全体を領しているのは「現実に対する記号の圧倒的な優位性」である。

彼は「格差社会の最下層」に自分を「格付け」し、おのれの不幸は「他の人々が不当に受益している」せいであるという「物語」を採用した。この「物語」を認めるならば、「社会への復讐」を自制する論理的な根拠はなくなる。

忘れてはいけないが、この「物語」はひさしくメディアと一部知識人が「政治的に正しい格差論」として宣布してきたものなのである。

（2008年7月7日）

お金のなくし方は二通り

ある若者向け雑誌から「お金」の特集をするので「貯金の効用」について述べて欲しいと頼まれた（いろいろなことを頼まれる人間である）。私は某マネー雑誌にも連載をしており、そちらのタイトルは「ただしいお金のなくし方」である。

「貯め方」について訊かれても、はかばかしいお答えはできないが、「貯金の無効用」ならびに「なくし方」についてなら私はデータベースの宝庫である。

というのも、古老たちとの世間話では、話題は実にしばしば誰がどのような経緯で資産を使い果たしたかというところに向かうからである。おそらく富者の零落ほど人生訓にあふれた事例は他に存在しないからであろう。

長年のリサーチによって私が得た知見は、お金をなくす仕方には二通りがあるということである。それは退蔵と蕩尽である。

退蔵するならお金は残るのではないかと素朴な疑問を抱かれる方があるやもしれない。

だが、それは短見というものである。退蔵すればお金は使わないから、そのまま残る。残れば、いずれ誰かがその人の代わりにそれを使う。そして、他人のお金を代わって使うときに私たちは蕩尽以外の使い方を思いつかないのである。だから、この二つは結局、同じことなのである。

貯める方法ももちろん知らぬわけではないのだが、残念ながら紙数が尽きた。

（2008年9月1日）

「世界の哲学者」料は150ドル

「振り込め詐欺」がまだ横行しているようである。

私のところにも、一度電話がかかってきたことがある。有料サイトにアクセスした分の代金が未納であるから、早く振り込めというのである。

電話口で、

「君はいったいいくつだ。こんなバカなことをして、人生を空費してよいのか」

と説教を始めたら、すぐに切れてしまった。

似たようなビジネスモデルでは、「ディプロマ・ミル（学位工場）」というのがある。

博士号や修士号を売ってくれる商売である。

その亜種であろう、私のところに外国の学会のような名前のところからエアメールが来た。

あなたは「2009年度の世界の哲学者」リストにめでたく登録されたので、ついては賞状をお送りするから150ドル振り込めというのである。

思わず英語の手紙を最後まで読んでしまったが、なかなか「そそる」ものがあった。

150ドルという微妙な価格設定が人間心理の弱みを衝いている。

仮に賞状が届かなくても、恥ずかしくて警察に駆け込むほどの被害額ではないし、届いて壁にかけておけばしばらく笑いのネタになる。

（2009年4月6日）

「負けしろ」なき時代の共生力

以前、「婚活」の無意味さを説いた。結婚情報産業の戦略にむざむざ乗せられることはないと思ったからである。

もちろん私は結婚に反対しているわけではない。結婚につまらぬ条件をつけることに反対しているだけである。

「誰とでも共生できる能力」を貴重な人間的資質とみなす風儀は現代日本では底を払ってしまったようであるが、それは言い換えれば「誰とでも結婚できる力」のことである。

日本はずいぶんと手触りの冷たい社会になってしまった。

私が若い頃は、金がなく、仕事がなくて途方に暮れているときは（ということは20代のほぼ全期ということだが）、いつも親族や友人や地域の仲間たちが救いの手を差し伸べてくれた。「負けしろ」があったと言ってもよい。

今は一回の失敗の意味がずいぶんと重い。わずか一度の失敗で、仕事を失い、家族友人を失い、路頭に迷う人がいる。

それほどリスクが高いのは「弱者は連帯しなければならない」という自明の理を忘れたからである。

自己利益の追求を優先して、「負けしろ」の確保（弱者同士の連帯）の手間を惜しんだせいである。

もし、若い人が結婚の大切さを思い出したのが「弱者は連帯しなければならない」という人類学的真理の再発見からだとすれば、喜ばしい傾向であると思う。限りある資源をフェアに分かち合わなければ生きて行けない時代では「共生する力」以上に貴重なものはないからである。

（２００９年５月25日）

余計な仕事を厭わない「能力」

かれこれ6、7年前の話。渋谷で武術家の甲野《こうの》善紀《よしのり》さんらとベトナム料理を食べたことがある。

そのとき、鶏の唐揚げを注文することになった。メニューには1皿3個とあるが一行は7人。数が合わない。仕方ないから「3皿」と言ったら、ウエーターの青年が「7個でご用意できますよ」と言ってくれた。

配膳の手際もよく、なかなか気の利く若者だなと感心していたら、甲野さんが不意に「あなた、お客さんから『うちの会社に来ないか』って言われることありませんか？」と訊いた。

かの青年、びっくりして「はい、月に1回くらい言われますけど……何でわかるんですか？」と驚いていた。

さすが達人、見ればそこまでわかるのか。

規定外のオーダーを厨房に出すのは、余計な手間である。金額だって電卓で「9分の7」を計算しなければならない。ふつうはそんな面倒なことはしない。それを厭《いと》わないマインドがたぶん彼の挙措《きょそ》のそこここに表れていたのだろう。

どんな組織でも現場のモラルを高めるのはそういう「ちょっと余計な仕事を厭わない」人である。まっとうな商売人ならそのことを熟知している。だから、どこでどんな仕事をしていようとも、そのような能力は際立ってしまうのである。

彼がまだあのレストランで働いているかどうか、私は知らない。でも、どこにいても「7個の唐揚げ」を用意できる彼の前に「キャリアパス」が広がっているはずである。

（2009年6月22日）

家族の機能不全という「餌場」

春先のメディアには「婚活」の文字が躍っていたが、さすがにここにきて少し飽きが来たらしい（やれやれ）。だが、生き馬の目を抜く業界の方々はとうに次のターゲットに移動されていることであろう。いずれにせよ、家族の機能不全とその手当てがビジネスの「餌場」になる趨勢は免れがたいように見える。

今、続々と大手が参入しているのは介護ビジネス。とりわけ急成長を遂げているのは「医療設備付きの高齢者専用高級マンション」である。

団塊世代がその多くを抱える個人金融資産1500兆円を狙っての事業展開だが、不動産がまるで売れないこのご時世に優良物件では入居待ちの列が出来ている（退室者が「出る」のを待っているのである）。なかには「老人ホームへの移管権利付き」物件もある。自活が困難になったらベッドワーク中心の老人ホームにシームレスに移る「権利」が付いているのである。それが「駐車場権利付き」的にクールな文体で表記してあったのを見て、胸を衝かれた。

家族がいなくても、機能不全でも、快適に暮らせる生活環境を設計した人々は、もちろん必要かつ有益な仕事をされているのである。私はその善意を疑わない。けれども、家族が機能不全であることを前提とし、それが継続することから利益を上げるビジネスモデルを設計したことの「ツケ」は思いがけないかたちで私たち自身に戻ってきそうな気がする。

（2009年8月31日）

「使い捨て」にされない就職先

経済は回復し始めているようだが、雇用環境は一向に好転する兆しがない。

雇用調整で企業の財務内容をコントロールするのは一見すると合理的なふるまいに見える。だが、それは一部の企業が、限定的に行う場合の話である。すべての企業が長期的に採用を控えれば、消費活動が停滞し、いずれ市場が壊滅する。どこかが減益に耐えても雇用を確保しなければ、長期の経済活動は立ちゆかない。

だが、ほとんどの経営者たちは、減益に耐えても雇用を維持するという仕事は「誰か他の人」がやるべきことであって、自分たちは自己利益の確保だけを考えていればよいと思っている。

現に、リーマン・ショック後、まっさきに非正規雇用労働者の大量解雇に踏み切ったのは経団連会長が経営している企業であった。この事実から推して、当今の財界人たちは雇用環境の保全は自分たちの仕事だとは考えていないことが知れる。

だから、就活中の学生たちには、企業の雇用戦略をよく点検した上で就職先を選ぶように忠告している。

労働者の「使い捨て」によって利益を確保している企業に入社した場合、君たちはその収益の余沢《よたく》に浴す立場にたどりつく前に「使い捨て」にされる可能性が高い。それよりは、従業員を育て、守るような企業を探せと教えている。あらゆる社会活動を根本で支えているのは、結局はまっとうな市民の生活者としての良識だからである。

（2009年9月28日）

歯の治療に思う

歯の治療を始めて3カ月ほどになる。もともと歯茎が悪かったのだが、前歯がぐらぐらしてきて歯医者に行ったら「下の歯は全部ダメです」と宣告された。歯を13本抜いて、インプラントにする。歯槽骨が形成されるのを待ち、骨ができたら人工歯を植えていく1年がかりの大手術である。いまは「骨づくり」の段階なので、下の歯列はぜんぶ仮歯である。

歯科医の治療を嫌う人が多い。ドリルの機械音を聞くと総毛立つという人がいるし、ローレンス・オリヴィエがダスティン・ホフマンの奥歯をがりがりと削って拷問する

『マラソンマン』に言及する人も多い（思えば「歯科医が拷問する」というシーンだけ記憶されて、あとは忘れられてしまった気の毒な映画である）。

でも、私はわりと平気である。治療中に寝てしまうこともある。もちろん、それだけ治療者の腕がいいということもあるのだが、私は身体の不調については、「悪くなったものは仕方がない。ありもので やりくりするしかない」というあきらめのいい人間なのである。眼が悪くなろうと膝が悪くなろうと歯が悪くなろうと、「あ、そうですか」と涼しく現状を受け容れることにしている。

仮歯だと硬いものは噛み切れないけれど、「新石器時代だったら、とっくに餓死しているところだ。よい時代に生まれたものだ」と感謝して日々を過ごすほうが、精神衛生上はよろしいようである。

（2009年10月26日）

終身雇用・年功序列の美点とは

80年代から続いた成果主義・能力主義の時代がどうやら終わり始めたようである。

終身雇用・年功序列雇用戦略を再評価する動きが出てきた。まことに結構なことだと思う。人間の成長速度にはばらつきがある。スタートはいいが後半伸びないのもいるし、立ち上がりが悪いがだんだん渋みが出てくるのもいる。成果が出るまでのプロセスは人それぞれである。

だが、成果主義・能力主義は「目の前に示された成果に対して即金で報酬を与える」商品交換モデルに基づいているので「待つ」ことができない。源流をたどればフランクリンの「時は金なり」まで行き着くこの思想では、「時間をかける」とは「損失をかぶる」と同義なのである。これは人間観としてはあまりに浅いものと言わねばならない。人間は長い歳月の中では幸運や成功によってよりも、むしろ不運や幻滅を糧に人間的「成熟」を果たすことを忘れては困る。

終身雇用・年功序列の美点は上司が部下の勤務考課をしなくて済むこと（これは気楽です）、そして「育つまでに時間がかかる人」を放し飼いにしておけることの2点である。さっぱり仕事のできない若者がただの「無駄飯喰い」か「大器晩成」かは長い時間が経たないとわからない。

しかし知の歴史が教えてくれるのは、人類史的なブレークスルーの多くが「若い頃は周りからバカだと思われていた」人間によって果たされたという事実である。

（2010年2月22日）

キャリアの扉にドアノブはあるか

私が勤務している女子大はキャビンアテンダントと女子アナの輩出率が高い。その職種に憧れる学生たちは毎年一定数いて、彼女たちの多くはそれぞれの職種に近づくために専門学校に通っている。

大学在学中にセカンドスクールに通うことを私はあまりよいことだと思っていない。そういう種類の「無駄のない時間の使い方」は多くの場合、後になってきちんと相殺されるものだからだ。

就活にせわしなく走り回る学生たちとおっとり構えている学生たちのどちらが内定率が高いかは一概には言えない。

知り合いの女性編集者たちはどなたも高倍率を勝ち抜いて出版社に入られたわけだが、訊いてみると、「たまたま」受けたら合格したという話が多い。

就活しないでぼおっとしていたら、父親に「就職しないつもりか」と質《ただ》されて、あわてて大学の就職課に行って、目についた求人票の出版社を受けたら数百倍の競争を抜け出して採用されたという人がいた。受けた会社はそこ一つだけだそうである。「ご縁」があればじたばたしなくても収まるところに収まるものである。ゼミの学生にはゼミの日に面接が重なるようなところは「受けても無駄だ」と教えている。

キャリアの扉にドアノブはついていない。だからこちらからこじ開けることはできない。あちらから開くときにたまたま扉の前に立っていることがあれば、それを「ご縁」と言うのである。

（2010年5月3日）

「仕事の出来」と「英語の出来」

社内公用語を英語に切り替える企業が増えている。

日産、楽天に続いてユニクロが社内公用語を英語にすることになった。これらの会社では、「仕事はできないが英語ができる人」の方が「仕事はできるが英語はできない人」よりも高い勤務考課を受けることになるのであろうか。

もしそうなら、それによって日本企業が国際競争力を増すことになるのか、むしろ失うことになるのか、企業経営者は一考した方がよいと思う。

国際共通語の習得が必須のものであることには私も異論はない。しかし、それが英語であるのは「アンフェア」だということについては、非英語圏の人間たちは繰り返し確認しておくべきだと思う。

英語が国際共通語になったのは、英米2国が相次いで覇権国家の地位を占めたという政治史的理由による。

そして自国語を国際共通語とすることによって、彼らははかりしれない利益を手に入れた。

今、英語話者たちは政治・経済・学術のどんな場であれ、非英語話者に対して圧倒的なアドバンテージを有している。

母国語しか話せず、母国のことしか知らない人間であっても、英語話者は「国際人」として遇される権利を主張できる。

私たち非英語話者は重いハンディを負わされてゲームすることを強いられている。

この非対称性をまるで日本の恥でもあるかのように語る人間を私は信用することができない。

（2010年7月19日）

〝改革〟で失うものは、何か

再びの不祥事で大相撲春場所が開催中止になった。伝統的な国技であり、文科省の管轄下の公益法人であり、力士たちは市民の範ともなるべきであるのに、まことに怪しからぬことであるという論をあちこちで目にし、耳にした。でも、正直なところ、私はこのような大相撲の「近代的な」理解の仕方にいささかの抵抗を覚えるのである。

相撲とは何か。プロスポーツなのか、格闘技なのか、見世物なのか、伝統芸能なのか、神事なのか。いずれの要素も相撲には含まれている。そして、そのどれを除いても、相撲はもう相撲ではない。

相撲は発生的には呪鎮《じゆちん》儀礼であり、中世以来久しく異形異能の人々を受け容れる遊行《ゆぎよう》の芸能集団だった。そこにスポーツマンシップや市民的常識を求めることは、たとえそれが抗いがたい歴史的趨勢であったとしても、どこか「筋目が違う」という気が私にはする。「だったら、八百長も賭博もありなのか」と凄む人がいるから、それ以上は言わない。

けれども、相撲にコンプライアンスや透明性やNHK的な「お行儀の良さ」を求めるときに、相撲は古代から継承してきた何かを失うことになるだろう。それが何かを私たちは実定的な言葉では言えない。だが、それが一度失ったら二度と取り返すことができない質のものであることだけはわかる。そんなもの失っても惜しくはないと言うなら仕方がないが。

（2011年2月21日）

「顔」で従わせられない組織の「弱さ」

橋下徹知事が率いる大阪維新の会は府内の教職員に対して、国歌斉唱時の起立斉唱を義務づける条例案を府議会に提出した。思想信条にかかわるものではなく、公務員に規律遵守を求める組織マネジメントの問題であると知事は説明している。

これが日教組壊滅のためのものであるというのなら理屈はわかる。だが、組織マネジメントのためと聞くと奇異の念に打たれる。府立高の教職員約9千人のうち今年の入学式で起立を拒んだものは38名。この38名を起立斉唱させるために、大騒ぎをして条例を制定するという「無駄」については誰も指摘しない。

それが私には不思議である。

ふつうこういう問題では、校長教頭や先輩教員が「まあ、君にもいろいろ考えがあってのこととは思うが、どうかね、ここは一つ私の顔を立ててはくれまいか」というようなかたちでずるずると「とりなし」ということをする。問題はそれができなくなっているということである。

今、日本中のあらゆる組織において、「私の顔を立てて」という決めの台詞によって、部下のかたくなな態度を一時的に解除できる上司が絶滅しつつある（震災後の官邸のどたばたを見ていると、それはよくわかる）。

私たちの組織はさまざまな思想・信教・イデオロギーを持つ成員を含んでいる。彼らを求心的に統合できるのは「われわれの組織には固有のミッションがあり、ミッションの実現のためには成員は最大の努力をする」という社会契約にだけは全員が合意しているからである。

「いいから黙ってオレの言うことを聴いてくれ」という台詞で異論や反対を一時停止させ得るのは、その人が「われわれは何のためにここにいて、この仕事をしているのか」その根本のミッションを、誰よりも深く理解し、誰よりも重い任務を現に担っていることについては誰にも異論がないからである。

実践的でしなやかな組織はすべて「ここはひとつオレの顔を立てて」で話を済ませ

られる人間を要路に配置している。ことは「規律に従わない公務員」の属人的な資質問題ではない。「条例で罰則規定を制定しないと部下を命令に従わせることもできない上司たちしかいない」組織の問題なのである。

（2011年6月6日）

「よい労働者」を自ら歓迎する倒錯

「鶏鳴狗盗《けいめいくとう》」という言葉がある。あまり使われることがないから「ケイメイクトウ」と耳で聞いても多くの人は文字をとっさには思いつかないだろう。

中国の戦国時代に孟嘗君《もうしょうくん》という君子がいた。一芸ある人を厚遇したせいで、食客《しょっかく》が集まり、その数、数千人を数えたという。中には何の役に立つ芸だかわからないような特技を持つ者もいた。孟嘗君が政変に遭遇したときに彼を救ったのは「泥棒のプロ」と「鶏の鳴き声の物まね上手」の二人であった。どんな才能がどういう状況で役に立つのかわからないというのがこの古諺《こげん》の教訓である。

孟嘗君の逸話が今の世に知られないのは、「食客」という言葉も「何の役に立つのかわからない異能」という概念も、ともに現代日本では顧みられることがなくなったからである。

私たちの社会で、生計を立てようとする人にまず求められるのは「誰にでもできることができる」ということである。「人と同じこと」ができないと「たずきの道」が立ちゆかないように私たちの社会は構造化されている。だから、若い求職者たちは「英語が話せます、エクセルとパワポが使えます、休日なしで毎日12時間働けます、上司のどんな命令にも逆らいません」というような誓約をなさないと仕事に就けない。

だが、「みんなができることができる」労働者は定義上「いくらでも替えが利く」労働者である。それは彼らの雇用条件は限りなく切り下げ可能だということを意味している。「同じ仕事ができるなら、一番賃金の安い労働者が『よい労働者』である」という経営者側のロジックに、いつのまにか日本国民全員が同意を与えた。

だから、人々はそれを論拠に、賃下げや解雇や生産拠点の海外移転を悪びれずに進めている。経営者がそれを望むのはわかる。だが、労働者自身が他の労働者の雇用条件の切り下げに同意するどころか、歓迎するというのは私には倒錯にしか見えない。

今の日本にはもう「食客」の居場所はないし、「余人を以ては代えがたい異能」に敬意を払う習慣も消えた。だが、代替可能な成員だけで構成された集団は果たして「鶏鳴狗盗」的危地を生き延びることができるのだろうか。

（2012年3月19日）

吉本隆明は、ただ一人だった

吉本隆明さんが亡くなった。と書いてみたが、なんだか別の人の話をしているようで気持ちが片付かない。

吉本隆明が死んだ。この方がいい。

私は吉本さんと一度だけ対談をしたことがある。その時に会って話した、静かな声で語る穏やかな老知識人が「あの」吉本隆明だという事実に、私は対談の最後までうまくなじむことができなかった。それほど吉本隆明という思想家が私たちの世代に及ぼした影響は深く、鋭く、圧倒的であった。

私たちは吉本隆明の言葉づかいを真似て語り、吉本隆明の術語を使って議論し、「お前は吉本を読めていないよ」という宣告に怯えた。一つの時代に「取り憑いた」と言ってよいほどの知的影響力を、吉本隆明はいかなる組織にも党派にも属さずに独力で生み出したのである。

吉本隆明から私が学んだことは数え切れないが、ただ一つだけ挙げるとすれば、それは意外に聞こえるかもしれないが、「独力で行えること以上のことを自分に課さない」という自制であった。

多くの知識人はとても一人では担えそうもないスケールの事業をしばしば当為として語る。そのような大きな言葉を口に出すことができるのは、「自分と同じようなことを考えている人間が、自分の他に何十万も何百万もいる」ということを無意識のうちに前提しているからである。それゆえ、仮に彼が口を噤《つぐ》んでも、変節しても、旗を捨てて逃げ出しても、その「なすべき事業」は誰かが継承してくれると彼は思っている。

そのように考えてふるまう人間たちばかりで組織された運動は、どれほど政治的に正しくても、綱領的に整合的であっても、風向きが逆風に変われば一夜にして瓦解するだろう。

吉本隆明は自分以外の誰をも当てにしなかった。彼以外の誰も語らないはずの言葉だけを選択的に語った。だから、その言葉は彼が口を噤めば世界から消え去り、もはや誰も再生することができないものだった。

「ぼくが倒れたら　ひとつの直接性が倒れる」

その自負と有責感が、比肩しうる人のないほどの重みを吉本隆明の言葉にもたらしたのである。

（2012年4月2日）

罪を咎めるときは「控えめに」

従軍慰安婦をめぐる発言が問題になっている橋下徹大阪市長は、日本外国特派員協会での質疑応答で、メディアが流布したのは「本来の私の理念や価値観とは正反対の人物像・政治家像」であるという「誤報」説に訴えて、事態の沈静化をはかった。

この件に限らず、このところ政治的失言を咎《とが》められた人たちが、問題となった発言は「文脈から切り離されて引用され」「真意が理解されていない」と弁明する風景をよく見かける。「誤解を招くような発言」をしたことの非は自分にあるが、「誤解した」ことの非は解釈者にある。私も悪かったが、お前たちも悪い。みんな悪いのだから、誰にも私を責める資格はないと、ことの筋目をぐちゃぐちゃにするのだ。

この論法は今に始まったものではない。姦淫を犯した女を石打ちの刑に処すべきかどうか訊ねられたときにイエスが会衆に告げた言葉がその起源のかたちである。「あなたがたのうちで罪のない者が、最初に彼女に石を投げなさい」（『ヨハネによる福音書』)

こう言われた人々は、イエスひとりを残して、全員がその場を立ち去った。

おそらく古くから言い伝えられた言葉なのだろう。歴史的風雪に耐えただけに、反論することのむずかしいロジックである。

だが、注意してほしいのは、イエスはこれを「話にけりをつける」ために口にしたのではないということである。彼は「答えのない問い」にアンダーラインを引くためにこの言葉を口にしたのである。

多かれ少なかれ私たちは罪人である。罪人に他の罪人を咎める権利があろうか? いや、誰にも他者の非行を咎める権利はない。だが、それが「フェアネス」だとなると、罪人は野放しにされ、結果的に「強い罪人」が「弱い罪人」を食い物にするワイルドな世界が到来するだけである。それを「フェアネスの実現」と呼ぶことはできない。

このむずかしい問いに私が用意している経験的な解は「人の罪を咎めるときは、わが身を省みて、控えめに、ためらいがちに語る」ということに尽くされる。他人の非を咎めるとき、おのれの正しさを言い立てるときに、弁舌さわやかな人間を私は信じない。

(2013年6月10日)

ヤンキー的「賢い」生き方

ある雑誌から「ヤンキーとエリートへの二極化趨勢」についてのコメントを求められた。日本人の「ヤンキー化」はすでにいくたりかの識者から指摘されている通りである。

「ヤンキー」とは反知性主義・反教養主義の旗幟《きし》を高らかに掲げる人々のことである。権力と財貨には興味があるが、文化資本には興味がない。同質的な集団とは深く親和して、同じような服装、同じような言葉づかい、同じような生活文化を共有するが、異質的なものに対しては（とくにハイカルチャーと外国人に対しては）敵意を抱く。

吉本隆明はかつて「知識人」に対して「大衆」という対抗概念を提示したことがある。空疎な政論を嫌い、生活実感に基づいて地に足のついた政治判断を下す「大衆」の批評性を高く評価した。だが、「ヤンキー」は吉本の「大衆」とはもうずいぶん面立ちが違う。

「大衆」が立脚したリアリティーは日々の労働であり、親族や地域社会との濃密なかかわりであり、「クラフトマンシップ」や「商人の道」のような前近代的なエートスであった。「ヤンキー」はそうではない。彼らにとって賃労働は本質的に苦役である。だから、最少の努力で最大の利益をもたらす費用対効果のよい生き方が「賢い」とみなされる。「趣味と実益をかねた仕事」や「自分の才能を生かせる仕事」、つまり努力と報奨の間の「交換比率」が最大であるような生き方に彼らはこだわる。

「オレが本気を出したらすごいぜ」と自分に言い聞かせながら、しだいに老いてゆく姿を見るとかなりリスクの高い生き方のように見えるが、これは「ヤンキー」が自らを生産者ではなく消費者と規定していると考えるとつじつまが合う。

最少の貨幣で最高価値の商品を手に入れた者が消費者マインドでは「勝者」とみなされるからだ。

「賢い」消費者が一円でも安い商品を探して、一日を棒に振ることを惜しまないのと同じように、「ヤンキー」たちは最低の自己努力で価値あるものを手に入れる「ショートカット」を見つけるまでいくら時間を浪費しても惜しくない。気の毒なことに、今の日本には「そういう生き方はやめなさい」と忠告する人がどこにもいない。

（2013年11月4日）

第2講
大市民のためのメディア論

「匿名の悪意」との付き合い方

ホームページの時代からかれこれ7、8年、ネットで日記を綴っている。ちらちらと煙が立ったことはあるが、炎上したことはまだない。

理由は簡単で、どのような批判にも反論しないからである（これは、一般のメディアでの批判についても同様である）。

ネット上の炎上対策は通常の消火法と同じである。酸素を供給しない。「酸素」とは反論のことである。先方は反論を求めている。だからわざと隙をつくり、論理が破綻し、事実誤認を含んだ批判を書き送ってくる。これが「餌」なのである。「何をバカな」と反応することを先方は手ぐすね引いて待ちかまえている。

あらゆるコミュニケーションは不可避的に毒を分泌する。それは不可避である。毒を除去して、対話の場を無菌状態に保とうとするのは不可能なことだ。毒の被害を最小限にとどめる方法についてクールに、テクニカルに工夫するしかない。

私は匿名の批判には決して回答しない。罵詈《ばり》や冷笑の語をできるだけ多くの読者の前に黙って置く。ブログの場合、日が経つうちに話題が変わり、書き込まれた批判が時事性を失うと同時に、書き手の焦燥と飢餓感だけが死んだ獣の骸骨のようにそこに残る。

匿名の悪意がどれほど醜悪なものであるかは、それを隠蔽したり除去したりせず、満天下にさらすことでより教化的な意味を持つと私は思っている。（2008年4月14日）

ラジオは復権する

すでにお気づきの方もいると思うが、タクシーの運転手にはどのようなトピックについても、きっぱりとした持論を持っている人が多い。政治問題も人物評も当否の判定にためらいがない。これは彼らが終日ラジオを聴き続けていることと関係があると見ている。ラジオのリスナーは政治経済からスポーツ芸能にわたって幅広い知識を持っている。特に外国人の名前をフルネームで諳《そら》んずることができる点をきわだった特徴とする。

景気後退の中で、テレビ、新聞、出版、広告業界はきびしい後退戦を強いられている。それに比べラジオは元気だ。それはラジオの制作コストがべらぼうに安いからである。ラジオは制作にも放送にも、あまりお金や人手がかからない。

年末、わが家に収録に来たNHKのスタッフは2人だけだった。こたつに入ってお茶を啜りながらおしゃべりをして収録終わり。仕事納めもラジオ。進行表を一瞥して、コーヒー一杯飲んだらすぐに収録が始まった。まことにカジュアルである。

テレビや新聞や雑誌が広告収入の激減で存立がおぼつかなくなった今、「制作コストが安くて、誰でもどこでも送受信できる」カジュアルなマスメディアとしてのラジオの卓越性は再評価されるべきだと思う。

私はテレビには出ないけれど、ラジオには出る。近所のスーパーに大根を買いに行くようなお気楽な格好で仕事ができるからである。

（2009年1月26日）

求む！　大人のメディア

連載しているから当然本誌〔『AERA』〕は毎週送られてくる。めくりながら、脱力的ため息をつくことが多い。

本誌は30〜40代女性読者をターゲットにしているのだろうけれど、その「ターゲット」というマーケティング概念そのものが失効しているのではないかという気がするからである。

先日、某出版社からも雑誌のコンセプトについて相談を受けた。編集者の「どういうところにターゲットを絞り込んだらいいのか……」という問いに、「それがいけないんじゃないの」と冷たく答えてしまった。

年齢や職業や生活圏によってものの考え方に一定の傾向があることは事実なのだろうけれど、それをどんどん細分化すると結果的にターゲットを明確に絞り込んだ媒体ほど、読者に想定している社会集団の勢い（端的には消費意欲）の消長に振り回されることになる。

社会の変化を観察することはたしかにメディアの本務だが、「観察する」のと「追随する」のは違う。相手の変化に意識を傾注することを武道では「居着き」と言う。「必敗」の構造である。「こう来たら、こう反応しよう」と反応速度と対応の洗練を競ううちに、自分が常に「後手に回っている」ことを忘れてしまう。

観察するけれど、変化の表層にはとらわれない。それが人間の生存戦略上の要諦のはずである。遠い眼をして、静かな口調で語る「大人」のメディアがどこかに存在しないものかと、ときどき思う。

（2009年7月6日）

世界標準化を怠る日本のメディア

和文仏訳の修業のために毎朝「天声人語」を仏語訳したことがあった。苦しみつつ、なんとか仏語にしてはみたが、フランス人が読んでもたぶんほとんど意味不明であったろう。

内容が常に非論理的だったからではない。自分の言葉が外国語訳されて読まれる可能性を書き手が想定しないで書いていたからである。「国際性がない」とも言えるし、肯定的に見れば「日本語話者だけを相手に商売しても十分食える」ということでもある。

ノキアははじめから世界標準を目指して携帯電話を設計しているが、それは別にフィンランド人に特段冒険心があるからではなく、人口530万のフィンランド国内市場仕様の商品では初期投資が回収できないからである。

私たちは自国語話者だけを相手にして飯が食える。そんな特権を享受しえている国はもはや例外的少数になりつつある。

『AERA』のインターナショナル版を刷ったら売れるであろうか。残念だが、このままでは英語訳版も中国語訳版も海外需要は期待できぬであろう。

コンテンツが「内向き」だからではない。どれほどドメスティックな論件であっても、海外読者にその意味と重要性を理解させることは可能である。

だが、そのためにはなぜそれらの論件が私たちに切迫するのか、その「文脈」を国際共通的な論理と語法で示さなければならない。私たちが怠っているのはその部分の仕事である。

（２００９年11月9日）

聞き上手と取材上手

私は共著書が多い。対談本もたくさんある。単著より多いかも知れない。意外なことに、私は「聞き上手」なのである。

話し好きの人は私を相手にするとさらに饒舌となり、ふだんは口の重い人もそれがほぐれる。

それどころか、「これは生まれて初めて人に話すことなんですけれど……」という驚愕の告白を聴いたことも一再ならずある。なぜ、そのようなことが起こるのか。それは逆の取材される立場から考えるとわかる。

相手の意見や主張を熟知しており、次々質問を繰り出せばインタビューイーは気分よくしゃべり出す、というものではない（ふつうは黙り込む）。「要するにウチダさんはこうおっしゃりたいんですよね」というまとめをされると、ますます意気消沈してしまう。「知っているなら訊きに来るなよ」と思う。

それよりは「はじめて聴いた話なのでよく意味がわからず、びっくりする」という対応の方がずっと好ましい。こちらはそれが「呼び水」となって「あのですね」と情理を尽くして説明を始めるからである。

学生もよく話しに来る。私はだいたい上の空である。原稿を書きながらふんふんと空返事をすることもある。それでも誰も怒り出さないところを見ると、たぶんときどき絶妙のタイミングで「話の意味がわからず怪訝な顔をする」からであろうと思う（聴いてないからなんだけど）。

（２００９年11月23日）

宙には消えない「紙の本」の愉悦

もうすぐｉＰａｄが届く。情報テクノロジーの進化のおかげで私の物書き仕事は成り立っているので、新しいガジェットにはつねに敬意と関心を寄せている。

書物の電子化で最大の恩恵をこうむるのは学者である。古書カタログを見て注文し、送金し、何カ月か待って届いた本を見たらタイトル違いだった……というような苦汁を味わってきた身としては電子図書館は学者の夢である。

かつては稀覯本《きこうぼん》を一冊手に入れ、それをネタに論文を小出しに書いて業績リストを埋めた学者だっていた。留学生たちも大半の時間は現地の図書館の暗闇の中で過ごしたのである。

書物の電子化によりアクセスは平等になる。外国文学や歴史研究のレベルは一気に向上するだろう。

メディアの一部は電子書籍によって出版文化は危機に瀕するだろうと報じているが、私はそう思わない。

電子書籍はアクセスのむずかしい大量のテクストにキーワード検索をかけて一気読

みするためには最高のツールだが、座右の書を、繰り返し舐めるように熟読玩味するためのツールではないからである。

書物には固有の物質性がある。繰り返し読むうちにそこに「手沢《しゅたく》」がつき、本と読者の間に親密な「ケミストリー」が生じる。それは「デリート」すれば宙に消える電磁パルスによっては与えられない。それは読者が死んでも生き残る「紙の本」だけが提供しうる種類の愉悦である。


（2010年6月7日）

マスとミドルのあいだに

鳩山由紀夫首相が辞任し、あわただしく菅直人新内閣が誕生した。基地問題の処理を誤って、支持率が急落し、これでは参院選は戦えないということで「表紙の付け替え」がなされたというのが一般的な見方のようである。

だが、沖縄の基地問題は戦後65年間の対米外交の「負債」である。問題をここまでややこしくしたのは歴代自民党政権であり、自民党議員が普天間問題について鳩山前首相の不手際を批判するのは話の筋目が違うと私は思う。それでもメディアはもっぱら前首相の食言だけを難じていた。そして、「責任を取ってはやく辞任しろ」と書き立てたあとには「政権放り出しとは無責任」と書いていた。

政権末期にメディアの報じる内閣支持率は急落していたが、一方でツイッターなどの「ミドルメディア」ではメディアの安易で非論理的な報道姿勢をつよく批判し、むしろ前首相を支持する言説があちこちに見られた。マスメディアは「民意」を伝えているのか、それとも「民意」を誘導しようとしているのか、どちらなのか。

マスメディアとミドルメディアの温度差はいま急速に拡がりつつある。ミドルメディアの伝える情報や分析の信頼性の方がマスメディアのそれよりも高いという評価が定着したときに、マスメディアの歴史的役割は終わる。その危機感はメディアの当事者からはまだ感じられない。

（２０１０年６月21日）

ニュースにならない話

参院選での民主党の大敗をめぐり、菅直人代表の責任論が噴出し、メディアは「小沢派の逆襲」を囃《はや》し立てている。秋の代表選まで党内の混乱は続くのだろう。政治というのはそういうものだから仕方がないけれども、メディアがこのような政局の混乱を「喜んでいる」ように見えることが私にはいささか気がかりである。

メディアが政治に言及するときの語法は今や2種類しかない。「問題点をあげつらう」と「変化を促す」である。メディアが統治システムの「うまくいっていない」点のみを選択的に言及することに私たちはすでに慣れきってしまっているが、これはよく考えればかなり不自然なことである。というのは、私たちの統治システムの中には、順調に機能している部署もあるし、現場の努力でかろうじて崩落を防いでいる場所もあり、そのような点については、メディアは「感謝する」とか「支援する」とかいう態度を示してもよいはずだからである。

けれども、そういうトピックはまずメディアには登場しない。たぶんシステムがうまくいっているという話は「ニュース」にならないからであろう。

古来「鼓腹撃壌《こふくげきじょう》の民」は、世の中が絶え間なく変化することよりは、あまり変化しないことの方から多くの利益を引き出すものである。誰も言わないので代わって申し上げるが、その点についてはメディアと市民は利益が背反するのである。

（2010年8月16日）

復興相辞任で見えた新聞社の終わり

松本龍復興相が被災地の知事たちに対する「暴言」が理由で、わずか9日間で辞任した。各紙は一斉に「辞職は当然」と報じた。

だが、発言直後に、大臣の知事歴訪を報じた全国紙で「辞職相当の失態を犯した」と書いたものは、私が知る限り一紙もなかった。一日おいてから、テレビやYouTubeの映像で実際の発言の様子を見て激した世論に新聞が追随したのである。

新聞社はこの態度を恥じるべきだと私は思う。

大臣は県庁での「暴言」を「今の最後の言葉はオフレコです。みなさん、いいですか。書いたら、もうその社は終わりだから」という言葉で締めくくった。

政治家取材中のオフレコ依頼はよくある話である。「ここだけの話」というかたちで良質の情報が入手できて、その結果、記事に深みと厚みが出るなら、読者はそこから利益を得ることができる。

その限りではオフレコは少しも咎められるべきことではない。オフレコの可否を判定する基準は一つしかない。「それをあえて読者に報道しないことによって、結果的に読者が利益を得るような情報」が含まれていたのかどうかである。

大臣がオフレコを指示した「最後の言葉」とは知事に向けての「しっかりやれよ」である。なぜこれをオフレコにしないといけないのか。たぶん誰もわからないだろう。「しっかりやれよ」という激励のメッセージには秘匿すべきいかなる含意もないからである。それよりはるかに「危ない」発言をそれ以前に彼はいくつも口にしていた。にもかかわらず、彼がオフレコ指定したのはこの「何の危険性もないステートメント」だった。いったいそうすることによって彼は何をしようとしたのか。

考えられる解釈は一つしかない。彼はまさに事実認知的に無意味なステートメントをオフレコ指示することによって、「この場を仕切っているのは誰か」を明らかにしたのだ。「無意味なことを命令することができる」もののことを権力者と呼ぶのだということを彼は熟知していたのである。

現に、翌日の全国紙の多くは彼の命令に従い、新聞に対する私たちの信頼はまた大きく傷つけられた。彼が予言した通り、いくつかの新聞社の「終わり」を早めたのである。

（2011年7月18日）

「クール」なジャーナリストの発想

朝日新聞の紙面審議会の委員を（２０１１年）４月からしている（２０１３年３月まで）。紙面について社外の人から「忌憚ないご意見」を聴取するための制度である。委員たちが記者や論説委員を前にして、「歯に衣着せぬ」紙面批判を展開する。そこで一つ気になったことがある。

記者たちは、「自分たちの知っている情報」に基づいて記事を書く（あるいは書かない）。その場合、どうして「そういうふうに書いた」のか、あるいは、どうして「このこと」を取り上げなかったのか、という記事の取捨選択についての説明は、一般にはなされない。

さいわい、委員はそれについて訊くことができる。そして、たしかに説得力のある説明を受けた。なるほど、そう聞けばそう書くのももっともだと得心した。けれども、私たち紙面審議会の委員４人は説明のおかげで疑問が氷解したが、８００万人の読者はそのような機会を持たない。事情がわからなければ、読者たちは自力で「物語」を作りあげるしかない。

松本龍前復興相の「暴言」を新聞が控えめにしか報道しなかったことについて、映像を見た読者の多くは「メディアが強権的な政治家の恫喝に屈した」という「物語」を当てはめて理解した（私もそうした）。

ところが、実際に取材に当たっていた記者たちは、「それまで影の薄かった政治家が突如異常に張り切り出した」点を「病的」と見立て、「特段の政治的意味のない些事」と判断したらしい。現に、辞任後に本人サイドからも「病気です」というコメントが出された。「だから、あれでよかったのだ」という説明をされたが、いささかの違和感はぬぐえない。

事実報道をどう解釈しようと、それは読者の自由であり、事情を知らないせいで誤った解釈をしようとも、それによってどのような「流言蜚《ひ》語」が流布しようと、それを「訂正する義務」はメディアの側にはない。

たしかに、そういう考え方にも一理はあるだろう。けれども、記事のデータや資料的裏づけには十分に配慮するが、それが「どういう文脈で読まれるのか」については副次的な関心しか持たないという「クール」なジャーナリストの気持ちが、私にはやはりうまく理解できないのである。

（2011年8月1日）

「人を見る目」とは

石巻市の災害ボランティアセンターで、医師免許を持たない人物が医療行為を行っていた。朝日新聞は「ひと」欄でこの男性をカナダの大学病院所属の「小児救命救急医」と紹介し、社外から詐称ではないかという指摘を受けて、二日後に記事を削除した。この事件には日本のメディアの本質的な弱さが露出していると私は思う。

それはジャーナリストに「人を見る目」がなくなったということである。

取材のたびに、記者たちの前にはさまざまな人物が登場して、さまざまな言明をなす。多くは主観性のバイアスがかかっている（中にはあからさまな誇張や虚偽も含まれる）。

だから、報道を職務とする者に一番必要なのは、彼らに向かって語っている人間の言明のうちの真実含有量をクールに計測する能力である。

しかし、このような能力は入学試験や就職試験では査定の対象にならない。受験科目にないし、大学でも教えない（そもそも教員たちも上司たちも若者がそのような能力を持つことをほんとうは望んでいない）。

その結果、私たちの社会では「人を見る目」を持つ人が絶滅に瀕しつつある。「人を見る目」というのは、コンテンツの理非については判断できないが、「この人の言うことなら信じてもよい」と判断できる力のことである。あるいは、話のつじつまは合っているが、「この人を信じてはいけない」と直感できる力のことである。

この先駆的なスクリーニングによって、さまざまな犯罪や業務上のミスは未然に防がれ、社会的コストは抑制されている。けれども、この能力には顕示的なエビデンスが存在しない。「人を見る目がある人間」の身の上にはさしあたり「何も起こらない」からである。

不可解なことだが、私たちの社会はこの「予防的に厭《いや》な思いを回避した力」をゼロ査定する。危機的状況に際してはこの能力の有無がしばしば生死を分かつことになるにもかかわらず。

このニセ医者には朝日新聞の他に複数のマスコミが騙された。「他社が取り上げた」ことを以て取材対象の身元保証に代えることができると信じたのだとしたら、その記者たちの資質が問われねばならない。

（２０１１年8月29日）

「世論の凡庸化」という安全装置

福島の原発周辺地域視察後の記者会見で「人っ子一人いない『死の町』だった」と述べ、また、報道陣の一人に防災服をすりつけて「放射能をうつす」という趣旨の発言をしたことを咎められて、鉢呂吉雄経産相が在任9日で辞任した。新聞各紙は「辞任は当然」としているが、ネット上では脱原発路線を推進する経産相を、原発推進派とメディアが失言をとらえて「はめた」という謀略説が流布している。

同一の政治的論件について、新聞社説とネット世論がここまで乖離したのは珍しい。ほんとうのところがどうであるのか、門外漢には知る由もないが、原発事故以来、新聞・テレビの形成する世論と、ネット世論がことあるごとに対立し始めたというのは間違えようのない事実である。

言論については、わが国は久しく「一億総中流」状態にあった。数百万部の発行部数を持ついくつかの全国紙の社説の中に、右から左までの政治的意見がほぼ包摂されていたからである。この言論の「横並び」がある種の知的停滞を生み出したことは事実である。

だが、それは逆から言えば、「国論の分裂」という政治的緊張が回避されてきたということでもある。この「世論の標準化」、にべもない言い方をすれば「世論の凡庸化」が、戦後日本の安全と繁栄に大きな貢献を果たしてきたことを私たちは忘れがちである。

テロもなく、不寛容なイデオロギー対立もなく、街頭での市民同士の流血の衝突もない国は先進国では珍しい。けれども、それがこれからも続くのかどうか、私には確信が持てない。

新聞の社説とネット世論の間には論争も対話もない。そのためのプラットホームが存在しないからである。だから、折り合いをつけることもできないし、合意形成もできない。そして、双方がそっぽを向いたまま、「こんなことになったのは相手の責任だ」と思っている。

マスコミの醸成する世論とネット世論の乖離がある限度を超えたとき、多くの人々はどちらか一方を選ぶことを迫られるだろう。それは戦後日本が経験したことのない種類の「国論の分裂」である。

（２０１１年9月26日）

「恐竜仕事」に徹せよ

小沢一郎氏の元秘書たちの地裁判決をめぐって、マスメディアとネット上での世論の乖離が激しい。

私がツイッターでフォローしているのは100名足らずだが、そのツイートの中にも、リツイートされた中にも、今回の判決（3人の元秘書が政治資金収支報告書に嘘の記載をしたと認定。有罪とされた）を妥当とするもの、小沢氏は引責辞職すべきであるとするものは一つもなかった。

一方、全国紙の社説はどれも足並みを揃えて小沢氏の「けじめ」を求めていた。マスメディアとネットの世論落差はしだいに危険水域に近づきつつある。

マスメディアには「惰性」があり、政治的イシューについてのそれまでの主張を一朝一夕に変えることはできない（別に読者がそれを求めているわけではないが、新聞自身は主張を変えるのは恥ずべきことだと思っている）。

一方、ネット上の発信者たちは、そのつどの情報入力に即応して、同一事案に対する賛否の態度を変えることにさして心理的な抵抗を覚えない。昨日は「イエス」だったが、一夜明けて別の情報に接したので「ノー」に転じたことを「食言」と言ってなじる人はネット上にはまずいない。

今起きているのはこれまで言われてきた情報の「速報性」とは別のレベルの出来事である。走る方向（つまり情報についての評価）を急転換できるメディアとできないメディアの差が際立ってきたのである。

「マスメディアがつくる世論」と「ネットがつくる世論」の関係はしだいに白亜紀の巨大恐竜と小型哺乳類の関係に似てきている。

誤解してほしくないが、私は「マスメディアはもうその進化論的末路に達したので、歴史の舞台から消え去るべきだ」というような原理主義的なことを言っているわけではない。逆である。共同体の根幹に関わるような事案については、世論はさわがしく急転換しない方がいい。

だが、素早い情報入力と切れ味のよい情報評価は生き延びるためにすでに必須のものであり、その仕事はもうマスメディアによっては担いきることができない。マスメディアが担うべきなのは、射程の長い国家戦略を練り上げ、粘り強い指南力を発揮する「恐竜仕事」である。それは本欄で養老先生が書かれていた「半世紀後のこと」だけを考える参議院の役割にも通じている。

（2011年10月10日）

こんな「私小説」を誰が読む？

ある新聞から「政治の劣化」について取材を受けた。政治家も、メディアも、有権者も含めて、政治過程全体が劣化しているように見えると申し上げたら悲しそうに頷いていた。

政治家と有権者とメディアは合わせ鏡のような関係になっている。政治家は「次の選挙」のために、有権者の支持を必要とするから、「有権者が喜ぶ政策」を提示しなければならない。有権者が政治家に要求することが「オレにとって気分のいいこと」に限定されてゆけば、政治家たちが差し出す政策はいずれ果てしなく迎合的で、刹那的なものになってゆくほかない。

メディアはそういった政治過程そのものについての「自意識」あるいは「私小説」の役割を担わなければならないと私は考えている。だが、そのメディアが政治を語るときの言葉が痛ましいほどに貧しい（これほど語彙が貧しく、自省の欠如した私小説を誰が読むだろうか）。

市民たちはメディアを経由してしか「政治を語る言葉」を手に入れることができない。語彙も文法も修辞も、さらには表情や声色まで、政治記事やテレビのトークショーから学習する。だから、メディアが貧しい言語しか持たなければ、自動的に市民の言語も貧しいものになる。

ほんとうは市民が「政治を語る生活者の言語」を自力で創り出さなければならないのだが、今は「庶民の生活実感」までメディアが定型化して、配布してくれているので、人々は(それと知らずに)与えられた定型文を読み上げている。

今の日本の政治過程の劣化は端的に「言葉の劣化」として現象しているように私には見える。政治を語る言葉に「厚み」がないのだ。

「私は100%正しく、私の反対者は100%間違っている」という恐ろしいほどにシンプルで底の浅い言明があらゆる論件について繰り返されている。そのような言葉づかいは外交交渉や国際戦略のような複雑な事象にはまったく不適切である。そ税や年金や教育のような制度にかかわる改革についてもひとしく不適切である。そのような単純な構文にしがみついている限り、複雑な現実を記述し、分析し、対策を起案するという仕事は始まらない。

だが、その危うい事態を叙す言葉がない。

(2012年2月20日)

「革新」ばかりがひしめく異常

〔2012年の〕衆院選が始まった。過去最多の12政党が乱立して、先の見えない選挙戦となった。民主党が政権から転落することは確実だが、自民党が過半数を取れるとは思わない。

安倍総裁のナショナリスト的な発言に国民各層がしだいに不安を感じ始めているように私には見える。

自民党は久しくタカ派もリベラル派も包摂する「国民政党」であった。「まあ、自民党に任せておけば大きな変化は起こさないだろう」という安心感がその長期政権を支えてきた。

だが、小泉政権以後、自民党も気がつけば「革新政党」になっていた。

本来、社会改革の喫緊を訴えるのは左右のイデオロギー政党の仕事で、資源再分配の巧みなさじ加減で漸進的改良をめざすのが中道保守政党の骨法だったはずである。

この予定調和的な役割分担が終わり、今の日本には「革新政党」ばかりがひしめいている。見回しても「保守」を掲げる政党はひとつもない。メディアは指摘しないが、これは異常な事態と言うほかない。

自民党総裁が「自民党をぶっ壊す」と獅子吼《ししく》して大勝利を収めて以来、「保守」という名乗りは「抵抗勢力」「既得権益の受益者」と同義になった。

だが、メディアが「保守政党が存在しない」今の政局の異常さを指摘しないのは、その本性のしからしむるところなのである。メディアは「ニューズ」で商売している。「今日は昨日と同じく平和な一日でした。よかったね」では飯が食えない。あちらもこちらも全システムが機能不全をきたしており、早急な制度改革が断行されねば国家崩壊の危機は目前……というタイプの話をメディアが好むのはほんとうにそう思っているからではなく、そうである方が部数が伸び、視聴率が上がるからである。このメディアの本態的な「危機選好」を私たちは勘定に入れてその報道内容を読まねばならない。

いずれ有権者たちは選挙戦でメディアと共犯的に呼号される「待ったなし」や「スピード感」や「決断」といった定型句に倦厭感《けんえんかん》を覚えるようになるだろう。

静かな声で「これだけは大切にしたい」と手の届く範囲での政策提言をする候補者がいれば、そんな人に投票したいととりあえず私は思っている。

（２０１２年12月17日）

1億総読者を願う新聞人の素志とは

朝日新聞の紙面審議委員を2年務めた。

3カ月に一度、本社に集まって論説主幹や各部の部長を相手にして紙面批評をするのである。2年間、毎日4紙に目を通し、新聞というメディアの行く末について考えた。正直言うと、最初のうちは「新聞が亡びるとしても、それは歴史の必然だろう」という突き放したスタンスだった。

でも、同じ顔ぶれの記者たちと話し込んでいれば、つい情が移る。彼らがあの紙面をつくるために水面下でどれほどの時間と労力を割いているのかを知ると、こちらの舌鋒も鈍る。ついに「いかにして新聞メディアを存続させるか」を真剣に考えるようになった。発行部数数百万の日刊紙が複数併存しているというのは日本固有の状況である。そんな国は他にない。

欧米には「クオリティペーパー」というものがある。はっきり言って日本の日刊紙と比べると「大学院生の研究誌」と「高校生の学級新聞」くらいのレベルの違いがある。でも、これはしかたがない。対象読者の頭数が違うのである。

朝日新聞の750万部に対して「ル・モンド」は35万部、「ガーディアン」は25万部。「ニューヨーク・タイムズ」でも100万部である。これらのクオリティペーパーは知的上層に読者を限定している。

読者はクオリティペーパーを読んで政治経済文化についての質の高い調査報道や分析に触れ、現実理解を深める。そして、質の高い情報にアクセスすることのできない「情報弱者」に対するアドバンテージを一層強固なものにする。

欧米の階層社会はそのようなしかたで力動的に構造化されている。

欧米のクオリティペーパーの目的は「全国民の啓蒙」ではないし、むろん「知的な平準化」ではない。むしろ「知的階層格差の再生産」である。

知的平等主義が日本の後進性の一因であるという主張に一理あることを私は認める。けれども、「1億3千万を読者に想定したクオリティペーパー」という虚しい夢を追い求めている日本の新聞人の素志を私は「可憐」だと思うのである。

日本でも、社会の階層化と市民たちの原子化がこれ以上進めば、新聞は亡びるだろう。できるものなら、その日の到来を一日でも遅らせたいと私は願うのである。

（2013年3月18日）

ストーン監督の日本批判

映画監督のオリバー・ストーン氏が原水爆禁止世界大会で日本の戦後政治をきびしく批判するスピーチを行った。日本のマスメディアはこの事実をほぼ黙殺した。朝日新聞はわずかに「『核兵器が残した残酷な歴史をありのままに若い世代へと伝えていってほしい』と訴えた」と報じただけだった。

だが、ストーン監督のスピーチの核心部分はそのような微温的な訴えに要約できるものではなかった。

講演の冒頭で彼は「ここで人々は平和と核廃絶について語っていました。安倍首相のような人でさえ、その言葉を口にしました。でも、私は彼を信じません」と言い切った。

そして、第2次世界大戦の敗戦国であるドイツと日本を比較し、ドイツはアメリカの世界戦略に対して、独自の平和構想を対置し得たが、日本はついに主権国家としてアメリカに向き合うことをしてこなかったと痛烈に批判した。

「第2次世界大戦後、日本はすばらしい文化、すばらしい映画、すばらしい音楽、すばらしい食文化を示しました。けれども、私はただ一人の政治家も、ただ一人の総理大臣も、平和と道徳的な正しさを代表したところを見たことがありません」

ここまで率直に国際社会における日本の評価を語ってくれる人はあまりいない。

改憲論者たちはしばしば湾岸戦争のときに軍事的貢献を果たさなかったことで「日本は国際社会の笑いものになった」という定型文を口にするが、いったい、誰がいつどんな言葉で日本を「笑いもの」にしたのか、その具体例を示してくれた人に私は会ったことがない。

一方、ストーン監督の日本批判は現実の発言であり、かつ一層仮借ないものである。「あなたがたはアメリカの衛星国であり、従属国に他なりません。(中略)あなたがたは何のためにも戦っていない(You don't stand for anything)」

この語は「あなたがたは何も代表していない」「何も意味していない」と読むこともできる。

彼の言葉はアメリカのリベラル派の日本評価の一典型だろうと私は思う。でも、日本のマスメディアはそれを日本人読者に伝えることを望まなかった。理由はまさしく彼が述べている通りである。

(2013年8月26日)

ＮＨＫ会長の軽率

事件が続くので、この原稿が載る号が出る頃にはもう事情が変わっているかもしれないけれど、ＮＨＫの話をする。

籾井勝人《もみいかつと》会長は就任の記者会見で、従軍慰安婦について「戦争をしているどこの国にもあった」と述べ、領土問題については、国際放送は「日本の立場を主張するのは当然。政府が右と言うことを左と言うわけにはいかない」と述べ、特定秘密保護法については「通っちゃったんで言ってもしょうがない」と述べた。後になって「誤解を招いた」として撤回したが、放送人としての見識の欠如をうかがわせる発言である。

東京都知事選である候補の応援演説に立った百田《ひゃくた》尚樹経営委員は「蔣介石が日本が南京で虐殺をしたという宣伝をしたが、海外のメディアは無視した。そんな事実がなかったからだ」と発言して内外で物議を醸した。続いて、長谷川三千子経営委員は、朝日新聞東京本社で拳銃自殺した右翼活動家を追悼する文中で、テロリズムを礼賛する発言を行っていたことがわかった。

会長を選ぶ経営委員会の新メンバーに安倍首相に近いとされる4人が入り、籾井氏が新会長に就任した。人選には選考責任者の「好み」が反映する。彼らに共通する特徴は一言で言えば「軽率」ということであり、もう一つ加えるなら「挑発的」ということである。

むろん個人の資質としては個性の範囲内だ。それを魅力的と思う人もいるだろう。だから、彼らがＮＨＫの放送内容について「歯に衣着せぬ苦言を呈する」ために選任された外部委員というようなポストにあるのなら、「なかなか苦みの利いた人選」という評価もありうると思う。

けれども、軽率と挑発癖は公共放送の経営者には求められない資質である。

公共放送の任は私たちがどういう世界に住んでおり、そこで何が起きているのかをできる限り中立的な立場から、できる限り穏やかな言葉で語ることである。「虎の尾を踏んで、内外のメディアを騒がせるのが好き」だという人には不向きな仕事である。第一、「受信料不払い運動」を自分の発言で引き起こすような経営者は民間企業ではふつう引責辞任だろう。

民間では使えない民間人経営委員とは何ものなのか。

（２０１４年2月17日）

第3講

大市民のための国際関係論

「逃れの国」という外交資源

ひと昔前、アメリカ人観光客は世界のあらゆる場所をわがもの顔で闊歩していた。ところが9・11以後、彼らはテロリストの顔を避けて旅しなければならなくなった。うっかりイスラーム圏などに足を踏み入れたら、どんな扱いを受けるかわからない。アジアのリゾートでも肩身が狭い。今なら中国観光の方が安全かもしれない。しかし、アメリカ人が世界で一番（本国にいる以上に）安全に旅行できるのは日本である。

中国のニューリッチたちで銀座や各地の温泉やスキー場がにぎわっている。嫌中気分が募っていても、日本人は外来のお客さまにはとりあえず笑顔を向け、いきなりチベット問題で議論をふっかけたりはしない。オリンピック問題〔チベット騒乱を武力鎮圧した中国に対して、北京五輪の聖火リレーへの抗議活動が世界各地で起きた〕でナーバスになっている中国人にとっても今の日本はそれほど居心地が悪くないはずだ。

ムスリムもそうだ。アメリカやヨーロッパではかなりの緊張を強いられるだろう彼らも、日本ならその必要はない。日本人にはもともとイスラームへのアレルギーがない。法務大臣（鳩山邦夫氏）が「友人の友人はアルカイダ」と言っても失職しないで済む、おそらく世界で唯一の国である。

日本は今、世界中の誰にとっても安全で快適な「逃れの国」という評価を得つつある。わが国のこの例外的なセキュリティーこそ、私たちが国際社会に誇ることのできる数少ない外交資源であると私は思っている。これで行きませんか？

（2008年5月12日）

オバマ大統領とサム・クック

バラク・オバマは「Change」を高く掲げて大統領選挙を制した。この言葉にどうしてアメリカの支持者たちがあれほど激しく反応したのか、実は私はよくわからなかった。

だが、就任式のあと、YouTubeに流されていたある投稿動画を見て得心がいった。

そこには奴隷制時代に縛り首にされた黒人たち、公民権運動のデモの隊列、マルコムXとキング牧師の画像などが続き、オバマ大統領の画像が挿入される。そして、アメリカ黒人の歴史を一覧するその画像の背後にはずっと、サム・クックの"A Change is gonna come"(いつか変わる)が流れていたからである。

サム・クックのふりしぼるような声に、キング牧師の"I have a dream"が重なり、それにバラク・オバマが"Yes, we can"で唱和する。聴いているうちに、私は不覚にも目頭が熱くなった。

サム・クックの歌はこんなふうに始まる。

「僕は河のほとりの小さなテントで生まれた。それからずっと僕は、その河のように流れてきた。それは長い長い道のりだった。でも、僕は知っている。世の中はいつか変わる。そう、きっと変わる」(町山智浩訳)

人々はおそらくオバマの「Change」のうちに、サム・クックの悲痛な願いへの答えを聴き取ったのである。

(2009年2月9日)

「田中派」政権を歓迎する中国

中国では日本の民主党政権誕生が歓迎されているらしい。理由は簡単で、「民主党は田中派」だからである。鳩山由紀夫首相も小沢一郎幹事長も岡田克也外相もみな旧田中派。田中角栄の一人娘・眞紀子元外相も民主党に入った。

角栄は1972年の劇的な日中共同声明によって、友好関係を基礎づけた。だから、今でも中国の要人は訪日するたびに角栄の墓を訪れ、必ず「水を飲む人は井戸を掘った人のことを忘れない」という古諺を引く。

日中共同声明は戦後の日本外交史の中で、日本政府がアメリカの許諾を得ないで行った唯一の外交的決断であった。キッシンジャーはこの報に激怒して、決して田中を許さないと獅子吼したと伝えられている（そして、実際アメリカは角栄を許さなかった）。

角栄が実権を握っていた時代、日中関係は良好であった。中国に駐在する大使のなかで日本大使がもっとも優遇されており、各国大使館は日本大使館に中国政府筋の情報を取りに来たそうである。

だが、きわだって親日的だった胡耀邦は抗日戦を戦った党長老の怒りを買って失脚。その後、江沢民の反日教育政策に振り子は揺れ戻った。民主党政権誕生で日中関係は再び友好的なものになるかもしれない。

「時代の空気」は一気に変わる。「空気」ほど不確かなものはないが、それでも変わるときには一気に変わる。

（２００９年10月12日）

ハリウッド映画にみる「自己処罰」

ハリウッドの大作娯楽映画は見落とさないようにしている。そこにはアメリカ国民の無意識的欲望が滲出しているからである。

最近では『ウォッチメン』が興味深かった。ニクソン大統領が3選された冷戦時代のアメリカ（という以上、そこは現実のアメリカではない）が舞台。ケネディ暗殺事件、ベトナム戦争、キューバ危機の背後にはスーパーヒーローたちが深くコミットしていたという話なのだが、面白いのはヒーローたちが絶えずメディアや世論の攻撃の標的となり、次々と殺されていくことである。

主人公たちは主観的には邪悪なものと戦っているのであるが、彼らが最善のプランを効率よく実行しようとすると、人々が殺され、都市が破壊されてゆく。どうも世界に究極の平和と正義をもたらそうとしているヒーローたち自身が諸悪の根源らしいということにやがて彼ら自身気づき、「自分たちなんか、いないほうが世のためなんじゃないか」と思い始める……そういう話がここ10年、ハリウッド映画にやたらに多いような気がする。

世界に正義をもたらすために戦っているアメリカン・ヒーローが戦えば戦うほど、その平和達成のための努力はさらなる暴力と破壊をしか結果しない。アメリカのフィルム・メイカーたちの無意識的な「自己処罰」の衝動を、私はこのような物語原型のうちに感知するのである。

（２００９年12月21日）

アメリカの「西漸」志向と沖縄の基地

アメリカは18世紀末に東部海岸の一隅の13州から出発した。ルイジアナをナポレオンから、アラスカをロシアから捨て値で購入し、テキサスをメキシコから奪った。大陸横断鉄道が太平洋岸に到着すると船を仕立てて太平洋を押し渡り、鎖国中の島国に開国を迫り、ハワイを併合し、フィリピンを植民地化した。日本列島、朝鮮半島、インドシナ半島を順に焦土化し、アフガニスタンからアラビア半島に至って、ようやく「フロンティアライン」を停止させた。

本音を言えば、ボスポラス海峡を渡って大西洋まで行きつかないと「世界一周の旅」は終わらないのだが、とりあえず今はイラクが終点。

このアメリカ人のとどめがたい「西漸《せいぜん》」志向について、かつてトックヴィルはローマ帝国滅亡後のゲルマン民族大移動以外に比肩するものがないと書いた。だから、アメリカ人にとって「東に戻る」のは単なる地理的移動ではなく、国民的アイデンティティーの根幹にかかわるふるまいなのである。私たちはそのことを勘定に入れて日米関係を論じるべきだろう。

アメリカ人に「沖縄の基地を東方向に移転して」と要求するのは、フランク族やゴート族の戦士に向かって、先住民たちが「われわれにもそれなりの生活の事情があるわけで、どうですひとつ、みなさんの故郷までUターンしちゃいただけませんか」と提案するのと、あまり変わらないのではないかと私は思っている。（2010年1月4日）

鯨に暴力が発動されるとき

私の大学は兵庫県西宮市の岡田山にある。

３年近く前のことになるが、新校舎の建築をめぐって問題が生じた。キャンパス内に、環境省が準絶滅危惧種に指定している希少なクモが生息していることがわかったのである。

当初の計画では「クモの生活」に支障が出てしまうのである。仮にも本学には「環境・バイオサイエンス学科」があり、環境教育を看板に掲げている。そのクモの生態を研究して論文を書いている学生もいる。学校が「クモなんか、どうでもいいじゃないか」とは立場上言えない。というわけでクモの生活圏に配慮して建築計画が変更されたのである。

だが、なぜこのクモだけが例外的に保護され、他の「たくさんいる」クモは保護対象外とされるのか、私にはそのロジックが正直よく理解できなかった。

もちろん生物学的多様性が生態システムの安定のために必須であることは理解できる。けれども、「システムの安定」というのは本質的には定量的な問題である。どこまで環境変容が許されるのかは数値的に考量できるはずである。

捕鯨船を攻撃する環境団体の人たちがいるが、彼らもまさか「鯨がかわいそう」という感傷的な理由であんなことをしているわけではあるまい。システムの安定を配慮してそうしているなら、鯨の個体数がある数値を超えたとき、その暴力は次は鯨に向けて発動されるのであろうか。（2010年1月25日）

「無法を止める」から始める基地問題

沖縄米軍基地について、日本政府は過去65年にわたって「東アジアの地政学的安定のために不可欠」だという説明を繰り返して、沖縄の人々に非道な犠牲を強いてきた。ここに貫かれているのは「属国は宗主国の要求がどれほど無法でも受け容れるしかない」というワイルドなルールであり、アメリカ・日本・沖縄は立場を入れ替えながら、同じ図式を反復してきた。

だが、21世紀に入り、東アジアの状況は変わった。

冷戦は終わり、日露・日中関係にかつてのような軍事的緊張はもうない。アメリカの覇権にはかげりが見え、重なる派兵で戦費負担にあえいでいる。東アジアに基地はもう要らないという声はアメリカ国内にもある。

現に米軍は東アジア最大のフィリピンのクラーク基地、スービック基地から撤退し、韓国内の基地の劇的な縮小を決めた。その中にあって、日本についてだけアメリカが基地撤去を受け容れないのは、東アジア唯一の敗戦国に対しては「無法が通る」と思っているからである。それとまったく同じように、日本政府が沖縄県民に犠牲を強いているのは、明治以降に併合された辺境の地に対しては「無法が通る」と思っているからである。

日本政府はまずおのれの「無法を止める」ところから始めるしかないだろう。そのときはじめてアメリカに対して「無法な要求をするな」という「倫理的」権利を手にすることができるのだと私は思う。

（2010年5月24日）

北朝鮮の真のパートナーは

参院選で沖縄基地問題はほとんど争点にならなかった。

だが、「なぜ日本国内に米軍基地がなければならないのか」はつねに問い続けなければならない。

軍隊の致命的難点は、平和が長く続くと必ず「なぜこんな『不要のもの』に巨額の税金を投じるのか」という納税者たちの不満が募ることである。軍隊はその「平和維持」機能を効果的に達成すれば自身の存在理由を失う。

それゆえ、軍隊はその本性として「コントロールできる程度の軍事的危機が絶えず存在すること」を望むようになる。これは軍隊そのものの本性であり、軍人たちの個人的意見や資質とはかかわりがない。

軍隊のその本性は国境を越えても変わらない。だから、東アジアに軍事的緊張があることから利益を得ているという点で、米国の産軍複合体と中国人民解放軍と朝鮮人民軍は同類である。

この三者はある種の共依存関係にある。彼らはいずれも東アジアに恒久的な同盟関係が構築されたときにその存在理由の過半を失う。アジアがつねに潜在的に戦争の火種を抱え込んでいることによってはじめてこれらの軍隊は巨大な国家予算を消費し、国政にさえ容喙《ようかい》しうる特権を保持しうる。

沖縄に基地を「所有」することを米軍に許しているのは、北朝鮮が「あのような国」だという事実である。だから米軍は北朝鮮「王朝」がひさしく続くことを誰よりも切望しているのである。

（2010年8月2日）

もし日本が「戦勝国」であったら

8月は戦争を振り返る季節である。

今年〔2010年〕は広島の平和記念式典にアメリカのルース駐日大使が初参列した。だが、依然としてアメリカ国民の多くは、いまも原爆投下の正当性を信じている。戦勝国と敗戦国では戦争の記憶のされ方が違う。敗戦国民は被害を選択的に記憶し、戦勝国であったらどうふるまうかの想像力の行使を惜しむ。明治維新以来80年間日本は戦争に勝ち続け、つねに戦勝国民としてふるまってきた。

インドネシアに海軍報道班員として派遣されていた久生十蘭《ひさおじゅうらん》の『従軍日記』を読むと、当時の日本人が現地でどれほど豪奢な生活をしていたのかに驚愕する。

驚くのは現地民を奴隷のように使役し、ヨーロッパ人の入植者を蔑み、日本の軍人や官僚の蕩尽と放埒について久生自身が「そういうのが当たり前」と思っていた点である。

戦争に敗れた後、マッカーサーは日本は世界の「四等国」であり、「その精神年齢は12歳」だと言い切った。私たちはその判定を受け容れた。と同時に、日本が「一等国」で「成人」であった時に戦勝国として何をしてきたかを忘れた。アメリカの原爆投下は許し難い蛮行であるが、戦争末期にもしドイツが原爆をアメリカに先んじて実用化し、ニューヨークやロサンゼルスを焼き払ったとしたら、当時の日本人たちはそれに喝采を送ったはずだ。そういうふうに想像力を用いるのも戦争を振り返る一つの仕方である。（2010年8月30日）

ほんとうの理由は「開国派」vs.「攘夷派」

代表選を前に民主党の内紛が続いている。どうしてこんなにごたごたするのか、わからないのも当たり前で、内紛の「ほんとうの理由」を誰も（当事者たちも）口にしないからだ。

民主党の内紛はつきつめると「開国派」と「攘夷派」の根深い対立を映し出している。「対米宥和派」と「対米独立派」と言ってもよい。日本の政治過程は「アメリカ」という補助線を引かないと理解できないことが多い。

鳩山由紀夫と小沢一郎がなぜ結びつくのか。2人には深い政策的一致点がある。

「主権国家」とは、「対米独立・主権回復」という目標である。小沢の言う「普通の国」というのが、（アメリカの許諾抜きで外交や軍事行動ができる国になりたいということである。

（アメリカの許諾抜きで日中共同声明を発表して、キッシンジャーをして「私は田中を決して許さない」と言わしめた）田中角栄の後継者としての悲願なのである。

鳩山には小沢のような屈託はないが、普天間基地問題のときに在日米軍基地の「国外」移転という「日本の首相が決して口にしてはならない言葉」を口にしたことからわかるとおり、本態的には対米独立派である。

霞が関官僚とマスメディアを中核とする日本のエスタブリッシュメントは「対米宥和派」で占められている。民主党の党内対立の基本構図は区々たる政策レベルにはない。「政治とカネ」の問題でもない。対米姿勢の違いなのである。（2010年9月13日）

中国人にとっての「国境」概念

日中の外交関係が緊迫感を増している。

中国国内の反日キャンペーンはあきらかに過剰反応だが、それも、中国近代史が阿片戦争の敗北から100年、ひたすら領土を喪失してきた歴史であることを考えれば理解できないことではない。

毛沢東があれほどの失政にもかかわらずいまだに中国国民にとって英雄的存在であり続ける最大の理由は、彼が清朝の失った版図《はんと》を回復したからである。

ただ中国人の「国境」という概念は近代的な政治学の概念とは微妙にずれていることは覚えておいた方がいいと思う。

中国人のコスモロジーは「華夷《かい》秩序」として観念されている。世界の中心に中華皇帝がおり、王土が同心円的に拡がっている。中心から遠ざかるほどに王化の光は暗くなり、人は禽獣《きんじゅう》に近づく。皇帝には「蕃地《ばんち》」を直接支配する気はない。けれどもそこも帝国の一部であることに変わりはない。

だから「化外《けがい》の民」が国境線を画定して「ここからこっちは中国ではない」という宣言をなすことは宇宙論的に許されない。

「どこに帰属するのかわからない土地」が帝国の周辺部に存在することは、中国人にとっては「自然」なのである。

それは係争地を実効支配する気があるということを必ずしも意味しない。中国人のこの「国境」概念の特殊性を勘定に入れなければ、彼らにとっての国境線外交の「賭け金」が何かを私たちは理解することに苦しむであろう。

（2010年10月11日）

ホワイトハウスの知恵者

菅首相が浜岡原発の停止を要請し、中部電力がこれを了承した。政治的には英断と言ってよい。メディアも総じて好意的だった。

でも、なぜ急にこんなことを菅首相が言い出し、中部電力もそれをすんなり呑んだのか、その理由が私にはよくわからない。

経産省も電力会社も、「浜岡は安全です」と言い続けてきたのだから、こんな「思いつき的」提案は一蹴しなければことの筋目が通るまい。

でも、誰もそうしなかった。なぜか。

政府と霞が関と財界が根回し抜きで合意することがあるとしたら、その条件は一つしかない。アメリカ政府からの要請があったからである。

もともとアメリカが日本列島での原発設置を推進したのは、原発を売り込むためだった。ところがスリーマイル島事故以来、アメリカは新しい原発を作っていない。気がつくと「原発後進国」になってしまった。でも、事故処理と廃炉技術では国際競争力がある。

福島原発の事故処理ではフランスのアレバにいいところをさらわれてしまい、アメリカは地団駄踏んだ。そして、「ではこれから廃炉ビジネスで儲けさせてもらおう」ということに衆議一決したのである（見たわけではないので、想像ですけど）。

だから、アメリカはこの後日本に向かってこう通告してくるはずである。

「あなたがたは原発を適切にコントロールできないという組織的無能を全世界に露呈した。周辺国に多大の迷惑をかけた以上、日本が原子力発電を続けることは国際世論が許さぬであろう」と。

その通りなので、日本政府は反論できない。

それに浜岡で事故が起きると、アメリカの西太平洋戦略の要衝である横須賀の第七艦隊司令部の機能に障害が出る。それは絶対に許されないことである。

だから、アメリカの通告はこう続く。

「今ある54基の原発は順次廃炉にしなさい。ついては、この廃炉のお仕事はアメリカの廃炉業者がまるごとお引き受けしようではないか（料金はだいぶお高いですが）」

むろん「ああ、それから代替エネルギーをお探しなら、いいプラントありますよ（こちらもお高いですけど）」という売り込みも忘れないはずである。ホワイトハウスにも知恵者はいるものである。

（2011年5月23日）

アメリカの時代は終わった

アメリカのビジネスマンが日本の英字新聞に寄稿して、「アメリカにおける日本のプレゼンスが低下している」ことを嘆いていた。この書き手によると、三つの分野で日本の存在感はきわだって希薄化している。

一つ目は大学。

70年代から90年代にかけて日本政府と民間企業はアメリカの大学にジャパン・スタディを根づかせるために潤沢な資金供与をしてきた。それが先細りになり、今では他のアジアの国々の方がアメリカの大学への寄付金額で日本を凌駕している。

二つ目は芸術文化分野。

アメリカの美術館や文化施設への日本からの人材派遣や資金提供が著しく目減りし

た。

三つ目はビジネス。

日本企業はアメリカ進出の足場だった西海岸から次々と撤退している。シリコンヴァレーでの冒険的な起業に日本はもう興味を失ったらしい。

このビジネスマンはこれらの現象を日本の「内向き」姿勢、退嬰性《たいえいせい》のしるしであるとして、きびしく批判している。そんなことでは国際競争に勝ち抜けないぞ、と。

でも、私は読んでいて不思議な気がした。日本企業が続々とアメリカから撤退しているのは事実だけれど、それは端的に言って、「アメリカじゃ商売にならない」からである。

ある大手商社が先般サンフランシスコ支社を閉めた。シリコンヴァレー相手の取引の口銭《こうせん》ではもう支社のコストが賄えなくなったからである。商売にならないところに店を開けと言われても企業は困る。

日本研究や芸術文化活動への資金供与が止まったのも、官民に「メセナ」をするだけの体力がなくなったからである。まさか雇用を削り、設備投資を控えてまでアメリカ相手の「パトロネージュ」を続けるわけにはゆかない。

彼が言っているのは（口調はリファインされているが）尽きるところ「いいからアメ

リカに金を持ってこい」ということである。

そのときの決めの脅し文句が「日本はグローバリゼーション、イノヴェーション、多様性にエンゲージしていない」である。なるほど、「グローバリゼーション」という言葉はこういうときに使うのかと、私は筆者の率直さにすっかり感心してしまった。

そして、「アメリカの時代は終わった」というのはほんとうだなと思った。

（２０１１年10月24日）

誰か「違う」と言ってくれ

北朝鮮の金正日総書記が急死して、「王位」は三代目金正恩が継承することになった。

21世紀の世界にいまだ独裁者の君臨する世襲制の「王朝」が存続しており、国民たちは秘密警察と隣人の密告におびえ、その国が「労働者の国家」を名乗り、国際社会に認知されているという事実に私は改めて驚愕する。

これはやはりきっぱり「驚いてみせるべきこと」だと私は思う。

人間は自分たちがそう思っているほどには政治的には進化していない。専制政治はむろん古代にもあった。

けれども、それは繰り返されるたびに、原理を同じにしながら、制度として劣化してきているように思われる。人類史上最初の世襲制の王朝の創始者は「オリジナルな政治制度」を創り出したことの高揚感に昂《たかぶ》っていたはずである。

けれども、隣国の「王朝」からは人類黎明期の王たちが持っていたはずの、初々しさも力動感も私は感じない。

かつてマルクスは人間が作る政治体制はすべて過去の模倣であるという卓見を述べた。

「死滅したすべての世代の伝統が、生きている者たちの脳髄に夢魔のようにのしかかっている」

そして、人々は「いまだかつてなかったものを創り出すことに専念しているように見える時」に必ず「過去の亡霊たちを呼び出し、借り物の言葉で新しい世界史の場面を演じるのである」(『ルイ・ボナパルトのブリュメール一八日』、横張誠他訳)。

２０１２年は列国の指導者が交代する「スーパーイヤー」である。

だが、アメリカでもロシアでも中国でもフランスでも日本でも、つよい既視感を感じさせる政治家たちが、古ぼけ、すりきれた政治スローガンを掲げて、何度目かの舞台をつとめるのを私たちは見ることになるだろう。

世界史的な出来事は一度目は偉大な悲劇として、二度目はみすぼらしい笑劇として現れるというのが本当なら、その劇の何十回目かの再演のみすぼらしさを、マルクスが生きていたらどう形容したか。

私たちは「新しい世界史の場面」がもう現れることのない「歴史の終わり」に立ち会っているのだろうか。

新しいことはもう何も起きないのだろうか。

誰か「違う」と言って欲しい。

（2012年1月2日）

アメリカが「普通の国」になる日

秋のアメリカ大統領選挙でオバマ再選が危ぶまれている。茶会《ティーパーティー》（オバマ政権に批判的な草の根保守運動）推薦の共和党員が次の統治者に選ばれる可能性は高い。

それはアメリカが覇権主義から孤立主義に舵を切ることを意味している。イラクから撤兵したのも、リビアへの介入を渋ったのも、伝統的な「二正面戦略」の放棄を宣言したのも、同じ文脈の中の出来事と見てよいだろう。もう巨額の国防予算を担うだけの財政的な体力がアメリカ政府にはないのである。

少子高齢化と、エスニックグループへの分裂というアメリカの人口動態はアメリカがスーパーパワーとして世界に君臨することを不可能にしつつある。世界を「正しい道」に導く「責務」がアメリカにはあるという国民的合意がもう維持できなくなったのである。

植民地時代は福音国家を創るという理想があった。建国の時は「独立宣言」のイデオロギーがあった。開拓時代は飢えたヨーロッパから移民を受け入れるだけの自然資源があった。産業社会の時代には自立と自助のエートスと流動性の高い社会システムがあった。二度の世界大戦と東西冷戦の時は「デモクラシーの守護者」という気負いがあった。

だが、イラクとアフガニスタンでの戦争とリーマン・ショックの後、アメリカには、世界の先頭に立つ権利と義務があるという考え方をする人がもういない。レトリックとしてはまだ残っているが、本気でそう思っている人はもういない。

それよりアメリカが生き残ることが優先する。アメリカの生き残りより、自分たちの人種集団の生き残りが優先する。集団より自分一人の生き残りが優先する。そういうふうにアメリカは分裂し始めてきた。指導層そのものが「自分さえよければそれでいい」という人たちによって占められてしまったのである。彼らが国民に向かって自己犠牲や国家への献身を言い立てても、もう聞く人はいない。

アメリカはこれから腹の足しにもならない理想を語ることをやめて「普通の国」になる。かつて一度もおのれを「普通の国」だと思ったことのない国がそうなったとき、アメリカに何が起きるのか、それを予見するためには例外的な想像力が必要だ。

（2012年1月23日）

〝外国人恐怖〟を欲する末期的光景

エドゥアール・ドリュモンが『ユダヤ的フランス』を世に問うたのは今から126年前のことである。

政界も財界もメディアも、すべてはユダヤ人によって支配されており、彼らが特権を占有しているせいでフランス人は差別と収奪に苦しんでいると「看破」したこの書物は出版後1年間で114版を重ね、19世紀フランスで一番売れた本として出版史に足跡を残した。

「フランスをフランス人に！」というドリュモンのスローガンは今でもフランスの右翼に愛用されている。

そればかりではない。第2次大戦時、フランス国内にあったドランシー収容所からは7万人のフランス国籍のユダヤ人たちが強制収容所に送られたが、ゲシュタポの他に、ドリュモンの思想に親しんだ少なからぬ数のフランス人たちもまたこの仕事に熱情的に加担したのである。

社会制度の不調はもっぱら寄生的な外国人が国民が享受すべき権利と富を収奪し、文化を汚しているせいである、だから彼らを排除すれば、社会は原初の清浄と豊穣性を回復するであろうという思考型を「ゼノフォビア（外国人恐怖）」と呼ぶ。

太古的な起源をもつ心的傾向だが、20世紀だけでもおそらく1千万人を超える人々がそのせいで死んだ。

ゼノフォビア的言説が好まれる歴史的条件には共通性がある。何かよくないことが起こりそうなのだが、その理由も、どういう形態をとるのかも、対応の手立てもわからない。

そういう足元が崩れるような不安が社会を覆い尽くすときには必ずゼノフォビア的な政論家がはなばなしく登場してくる。今日本にそのタイプの政治的言説が流行しているのは、それだけ私たちが毒性のつよい不安にとらえられていることを意味している。

日本の先行きがどうなるのか、変数が多すぎて、誰にも予測がつかない。できるのはせいぜい「何が起きても、そのつど最適に対応できるような胆力と柔軟さを身につける」ことだけである。

だが、そんな話をする人間はどこにもいない。少なからぬ数の人々が「この社会の不調の背後には、それから受益している〝外国人〟がいる。そいつらを探し出して叩き出せ」という話に熱中している。

末期的光景だ。

（2012年6月18日）

「アメリカ抜き」はありえない

領土問題を解決するためには二つしか方法がない。

一つは戦争である。

領土問題を「強気で押せ」というふうに言っている方々がいるが、彼らは中国韓国相手に戦争が始まる場合について想像力を発揮しているのだろうか。まず憲法改正だが、もう一つ戦争を始めるには、しなければならないことがある。もう一つ厄介なものがある。

韓国はアメリカと米韓相互防衛条約を締結している。そして、韓国軍の戦時作戦統制権は在韓米軍司令官が有している。

つまり、竹島をめぐって韓国正規軍との軍事的衝突が起きた場合、その作戦の指揮をとっているのは米軍人だということである。

日韓の軍事的衝突とは、日米安保がアメリカによって一方的に破棄され、日本がすでにアメリカとの戦争（それは国内の全米軍基地からの攻撃を意味する）に巻き込まれているということである。

たぶん、アメリカはそのような事態を望んでいないと思う。

尖閣諸島をめぐっても同様である。

尖閣を中国が武力占領した場合、日本政府は当然日米安保の規定に基づいて米軍に出動を要請する。

だが、米軍は「われわれは日中間の領土問題に関与する立場にない」と言って出動を拒むであろう。調停のための周旋はするが、軍事行動は起こさない（米中戦争が始まってしまうからである）。

このとき日本国民は「日米安保は空文だった」ということを思い知らされる。戦後60余年の属国扱いに耐え、巨額の「思いやり予算」を献上してきたあげくのこの仕打ちだ。当然「日米安保即時廃棄」の国民的運動が盛り上がる。

そのとき、アメリカの19世紀以来の西太平洋戦略は崩れ、最も「使い勝手のいい」同盟国を失うことになる。それは困る。だから、「尖閣には手を出すな」とアメリカは中国指導部に伝えているはずである。

それゆえ、中国が尖閣の軍事占領に及んだとき「アメリカは日本を捨てて、中国を東アジアにおけるパートナーに選んだ」と肚《はら》をくくるしかない。

いずれにせよ、この二つの島々をめぐる軍事的衝突が起きたとき、戦後日本は終わる。「アメリカ抜き」の全く新しい政治体制を私たちはゼロから創造しなければならない。

（2012年9月10日）

これを読んだこと、ありますか

リチャード・アーミテージとジョセフ・ナイの「日米同盟レポート」を読んだ。2000年、07年に続いての第3弾。エネルギー、経済・貿易、外交、安全保障などについて日本がアメリカのために何をなすべきかを包括的に提言している。新聞は「日米同盟がなすべきことを規定している」と紹介しているが、それは不正確な表現である。

ここに書かれていることのほとんどは「日本がなすべきこと」であり、「アメリカがなすべきこと」はもっぱら日本が与えられた任務をまじめに果たすように指導する仕事に限定されているからである。

これを読んでレポートが謳うように日米が「肩を並べて」協力し合う「イコール・パートナー」であると信じられる人がいたら、その方の知性はかなり不調であると判ぜざるを得ない。

もし、イコール・パートナーであるなら、当然日本も「日米同盟のためにアメリカがなすべきこと」を列挙した文書を定期的に発表しているはずである。だが、寡聞にして私はそのような文書が存在することを知らない。

レポートには原発再稼働についても、TPPについても、基地問題についても、領土問題についても、アメリカの要求だけを淡々と列挙している。そして、それらはすべて日本政府によってすでに実現されたか、実現されつつある。

「アメリカの要求に黙って従うことが日本の国益を最大化する道である」という判断にはそれなりの合理性があることを私は認める。

だが、それを「同盟関係」と呼ぶのは無理だと思う。「結果的に合理的な政策を選んだ」ということと「主権国家として政策を自己決定する」ことは次元の違う話だからだ。

レポートは「日本は一流国であり続けたいのか、それとも二流国に滑り落ちる気なのか」というあからさまな恫喝から始まる。

もし、この問いかけに「はい、一流国でいたいです」と日本政府が答えたとしたら、まさにその従属的態度ゆえに世界は日本を「二流国」とみなすだろう。

現に、レポートは一流国の条件として経済力、軍事力の他に「全世界的なヴィジョン」と「国際問題についての断固たるリーダーシップ」を挙げているからである。

（2012年10月8日）

アメリカに「無思慮」と呼ばれて

日本維新の会の橋下徹共同代表の「従軍慰安婦」制度をめぐる発言が、内外に大きな波紋を呼んでいる。

維新の会の動きを海外メディアはどうとらえているのか興味があり、定期的にネットでチェックしてきた。だが、維新の会と橋下代表についての情報の多くは日本の新聞記事や政治学者の発言の引用で、海外メディアがその政策の適否について直接コメントするということはなかった。

今回の「舌禍」事件の各国メディアの扱いは、これまでとは比較にならない。それはこの事件における彼の態度が「日本という国のゆくえ」に対する国際社会の不安を掻き立てる「トリガー」になったためだろう。

これに先だって、安倍自民党に対する「懸念」を米紙があらわに表明したのは、〔2013年〕4月23日付の「ニューヨーク・タイムズ」の「日本の不必要なナショナリズム」という社説からである。

靖国神社に過去最多の168名の国会議員が参拝したことについて、社説はこう書いている。

「関係各国が北朝鮮とその核問題について協調しなければならないそのときに、中国韓国との対立関係を煽るというのは、日本としてはまことに無思慮なこと（foolhardy）である」

「無思慮」というのは、同盟国の政策を評する形容詞としてはかなり激越なものである。その後、「侵略」の定義は相対的であるという総理の国会での発言と（猪瀬都知事のイスタンブールを貶《おとし》める不用意な発言が「間奏」に挟まり）今回の橋下発言が続いた。

新政権発足から半年間静観してきた米国が、ここしばらくの日本の政治家たちの国際社会に対する挑発的な態度を重く見て「彼らをこのまま放置しておくと西太平洋におけるアメリカの国益を損なうリスク要因になる可能性がある」という判断にくみして、「やや強めの指導」に踏み切った。私にはそう見える。

米国が他国政府への評価を自己都合で高下させることは先方の勝手であり、私たちの与《あずか》るところではない。

だが、問題視された一連の行為が、主観的には「国際社会における日本の威信を高める（できれば米の歓心を買う）」心づもりでなされているという国際感覚の欠如は、あまりに「痛い」。


（2013年5月27日）

奇妙な「親米ナショナリスト」

中国の雑誌から日本のナショナリズムをどう理解したらいいのかについて取材を受けた。

靖国神社に参拝して東京裁判史観を否定する自民党の政治家たちが主観的には親米派であるという理路が中国人にはうまく理解できないらしい。

もっともである。

小泉純一郎氏を例に引いて説明を試みた。

小泉氏は歴代首相の中で最も親米的な人であった。彼はブッシュ大統領のあらゆる政策を支持した。規制緩和では日本の市場をアメリカ企業のために開放した。

この徹底的に親米的な姿勢ゆえに、彼が靖国参拝によって「アメリカの足」を思い切り踏んだときも、アメリカは「痛い」と言うことを自制した。小泉氏は失うにはあまりにも惜しい友好的な同盟者だったからである。

以後の右派の政治家たちは小泉流を踏襲した。

まずたっぷりと親米的なジェスチャーをして見せてからなら、大東亜戦争肯定論や改憲核武装論や中国韓国への排外主義的暴言を国内向けに揚言しても「アメリカには叱られない」ということを学んだのである。

そのようにして「親米ナショナリスト」という他国では見ることのできない奇妙な人種が登場することになった。

日本の右派は「自国に無期限に駐留している外国軍隊に対する抵抗運動を組織していない世界でたぶん唯一のナショナリスト集団」である。この「ねじれ」を中国の人に理解させるのにずいぶん手間取ってしまった。

日本維新の会共同代表の橋下徹大阪市長に対して、訪問予定地だったサンフランシスコ市がその前月「公式訪問としては扱わない。表敬訪問も受けない」という文書を送っていたことが明かされた。

これは国内向けにナショナリスト的暴言を吐き散らしたければ、まず親米派であることを先方に得心させてからだという「ことの順序」を彼が見落としたことへのペナルティーだと私は見ている。

だから、市長はあわてて親米派であることをアピールするために、沖縄のオスプレイの八尾空港配備を提言してみせた。

自分が地元住民の安全より、アメリカの軍略を支援することの方を優先する親米派の政治家だということをホワイトハウスに理解してほしかったのだ。

（2013年6月24日）

日中の軍事衝突という妄想

この欄の〔2014年の〕書き初めなのだが、何も楽しいことを思いつかない。しかたがないので、「起こりそうだが、起こってほしくないこと」を書くことにする。

書いたことが実際に起きたら、私の先見性が証明されたことになり、起こらなければ、私の願望が実現したことになる。どちらに転んでも「悪いことばかり」ではない。「起きそうで、起きてほしくないこと」とは日中の軍事衝突である。

中国は新防空識別圏を設定し、先日も中国人の乗った気球が近海に墜落した。もし彼が尖閣に不時着したら、救出のために中国艦船が出動した可能性があった。

人民解放軍は組織防衛のために、定期的に小規模の軍事的衝突があることを望んでおり、一方の安倍首相は自衛隊の観閲式で「『防衛力はその存在だけで抑止力となる』といった従来の発想は完全に捨て去ってもらわねばならない」と軍事力の発動をためらわない姿勢を示した。

「日中のチキンレース」がもう始まっている。いざ軍事衝突となると、政府も国民も日米安保条約第5条が即時発動することを期待しているが、見通しは不透明である。

ご存じの通り、米政府は尖閣の領有権についてはこれまでも態度をあきらかにしていないからである。

米政府が日中の軍事衝突を「自国の平和及び安全を危うくするもの」と確認するかどうか、米政府や議会が「憲法や手続きに」従って参戦に理ありとするかどうかを予測するのはむずかしい。

わかるのは、米の国民世論はこれ以上の海外での紛争介入を望んでいないということである。どちらが勝っても米には何のメリットもない戦争で自国の若者が血を流すことを米国民は許すまい。だから、米には「腰の重い調停役」以上のものを期待すべきではない。

日本国民は同盟国のこの腰の引け方を「条約違背」と取るだろう。「こういうときに役に立たない安保条約なら、ない方がましだ」という安保条約不要論がわき上がる。

そして激昂したナショナリストが「自主核武装」や徴兵制について論じ始める。戦後70年続いた日米同盟はこうして終わる。私の想像力が及ぶのはそこまでである。

この妄想が妄想のまま終わることを年頭の祈りとしたい。

（2014年1月20日）

解釈のレベル、感情のレベル

私には特技がいくつかあるが、そのうちの一つは「謝るのが早い」ということである。

何があっても、電光石火の早さで「すみません」と謝る。どちらが悪いか判然としない場合でも、まず謝る。

「電光石火の早さで」というところが味噌である。「機先を制する」のである。「場を主宰する」ともいう。武道の極意だ。

そこで「何を」するかには副次的な重要性しかない。問題は、誰が場を立ち上げ、場のルールを決めるのかだ。

雑踏で肩がぶつかり、いささか尖り気味にみつめ合ってから「すみません」と不満顔で告げるとむしろ話はもつれる。「謝って済む話じゃないだろう」というような厄介な展開になることもある。ましてや「私は絶対に『すみません』を言わない」という立場に固執すると収拾のつかない泥仕合になる。

何の話をしているのかというと外交の話をしているのである。

外交をそんな日常的なことに喩えるなといきり立つ方がいるだろうけれど、この程度の話でいきり立つような人物は何であれ交渉ごとには向いていない。

中韓両国との歴史認識問題で東アジア外交が暗礁に乗り上げているのは、「きちんと謝れば済んだ話」をひきずっているせいである。

「このまま永遠に謝罪し続けるのか」と不満顔の人がいるが、まさにその「不満顔」こそが隣国民の謝罪要求を無限に延長させ、反日感情をヒートアップさせていることにそろそろ気づいてもよろしいのではないか。

自分を相手の立場に置いてみる想像力があれば、「謝罪は済んだ。われわれには咎められる筋はない」という態度を示されたら「そういうことなら永遠に許さない」という気分になることくらいわかるはずである。

今の歴史認識問題は事実関係のレベルにあるのではない。解釈のレベル、さらに言えば感情のレベルにある。

どうすれば被害者からの無限の謝罪要求は停止できるのかというプラグマティックな問いに私たちは向き合っている。

そして、経験則は「無限の謝罪要求」は「もう謝ったからいいじゃないか」という自己都合ではなく、「あなたの言い分には十分な理がある」という「自分の立場をいったん離れた承認」によってしか制御できないことを教えている。（2014年3月3日）

先進国シンガポールの悩み

シンガポールはグローバル化への適応の輝かしい成功例として、わが経済成長論者からは熱い羨望の思いを寄せられている。

でも、先方には先方の、われわれの知らない悩みがある。シンガポールの現在の問題は外国人急増である。

これまでシンガポールは経済活性化のために大胆な移民受け入れを行ってきた。その結果、過去20年間で永住権を持たない外国人は280％増加し、全人口の30％に達した。そのせいで不動産が高騰し、交通機関が混雑し、シンガポール国民の間で不満がしだいに募っている。

とりあえず、ビザ発給条件を厳格化するために、政府は雇用主に最低賃金の増額を課した。移民労働者を入れても、思いどおりに人件費コストはカットできないと牽制したのである。

その結果いろいろなことが起きている。

一つは生産性の高い業種しか生き残れなくなりつつあること。人件費コストの増額でダメージを受けないのは、R＆DやIT、金融のようなあまり人を雇わないで回せる業種、つまり「雇用を創出しない業種」だけである。確かにそのような企業ばかりになれば移民の流入は抑制されるだろうが、雇用の消滅の負の影響はもちろん一般のシンガポール国民にも及ぶ。

さらに、高額の給与に見合うだけの例外的なスキルを持つ外国人しか入国できなくなると、シンガポールに租税回避に集まっている超富裕層と合わせて「国内の階層上位を外国人ばかりが占める」という典型的な植民地風景が出現する。

これもシンガポール国民からするとあまり愉快なものではない。国民感情に配慮するなら、政府としては外国人に対してのみ所得税率を引き上げる、外国人に限り不動産取得に制限をかける、青年男子には兵役を課すなど「外国人に快適な生活をさせない」政策を採用せざるを得ないところに追い詰められているそうである。

外国人を呼び入れたり、追い出したり、移民政策の「さじ加減」はまことに難しい。わが国にも移民労働者の大胆な導入を訴えるエコノミストがいる。彼らが先行事例についてどれほどの検証を積んだうえでそのような発言をしているのか、私は知らない。

（2014年6月2日）

国際社会の笑いもの

安倍晋三首相はさきの予算委員会で、ホルムズ海峡の機雷敷設について「石油の供給不足が生じて国民生活に死活的な影響が生じ、わが国の存立が脅かされる事態が生じうる」のであるから、武力行使のための要件を満たすという解釈を示した。

正直言って、私には意味がよくわからなかった。議員のみなさんには意味がわかったのだろうか。

仮に機雷敷設による石油の供給不足が「わが国が直接攻撃を受けたのと匹敵する被害」と認定できるなら（私はこの認定に同意しないが）、それは個別的自衛権の発動によって対処すべき事態のはずである。

どうしてそれに「密接な関係にある他国が武力攻撃を受けた場合に、直接攻撃を受けていない日本が軍事行動を取る権利」たる集団的自衛権によって他国を巻き込むかたちで対処しなければならないのか。その理路が私には理解できないのである。

石油自給率０・４％の日本は輸入のほとんどを中東産油国に依存している。だから機雷封鎖で「死活的な影響」を受けるという話はわからないでもない。

だが、「日本と密接な関係にある」米国の中東産油国への石油依存率は25％であり、今や石油自給のための技術開発を全力で進めているから、いずれ依存率はゼロに近づくだろう。

遠国での出来事が自国に死活的利害を及ぼさないように「切り離す」ことを戦略的急務としている米国がシーレーン防衛の軍事的コストの肩代わりを日本に求めるのは（厭な話だが）言い分としては筋が通っている。

だったら首相は正直にそう言えばいい。だが、言えない。

言えないのは、はるか遠方の一海峡を機雷封鎖されたくらいで「存立が脅かされる」ほど脆弱な国があるとしたら、それはその国の国防戦略の制度設計が間違っているということを意味するからである。

世界中の国々が中東でのリスクが国益に及ぼす影響を最小化する方向に必死に知恵を絞っているさなかに、日本だけがわずかな軍事的干渉で簡単に国の仕組みが瓦解するのだと誇らしげに語っている。

それこそ「国際社会の笑いもの」になるふるまいだということになぜ人々は気づかないでいられるのか。

（2014年7月28日）

イスラエルという両価的な存在

ガザでの戦闘が終わらない。

非戦闘員たちが次々と犠牲になっている。

パレスチナ和平への道筋をつけたオスロ合意の功績でPLOのアラファト議長とイスラエルのラビン首相、ペレス外相がノーベル平和賞を受賞したのは1994年、もう20年前の話である。

その後合意は事実上崩壊し、今ではパレスチナ問題の解決の見通しについて説得力のある言葉を語れる人間はどこにもいない。

先行きは見通せないが、それでも二つの「これまでになかった要素」が状況の変化に関与しそうな気がする。

一つはアメリカの「デタッチメント」である。

アメリカの「中東離れ」の経済的理由については前項で記した。機雷のようなほとんど原始的と呼んでよい兵器で、自国経済が麻痺してしまうような今の仕組みを継続する合理的な理由はアメリカにはない。

それよりはエネルギーの自給率を高め、輸入先を分散してリスクヘッジをして当然である。

もう一つ、アメリカが中東から離れられないのは、イスラエルがそこにあるからだ。米国内の「ユダヤロビー」が政府の中東政策に強い影響力を及ぼしてきたのは周知のこと。

しかし、今回のガザでの「虐殺」（イスラエル人少年3人が誘拐、殺害された事件をきっかけに、イスラエル軍がガザへの大規模空爆、地上侵攻した）に対しては世界中のユダヤ人から「反イスラエル」感情が噴出した。

ユダヤ人にとってイスラエルは親しみと嫌悪を同時にかきたてる両価的な存在である。

ホロコーストの悪夢はわずか70年前のこと。いつ反ユダヤ主義的迫害が起きるかわからない。そのとき「あそこに逃げ込めば助かる」という土地が地上に一つだけある。それはユダヤ人にとって大きな心理的支えだった。

それゆえ、その「世界のユダヤ人の最後の砦」を守るためにイスラエルが「政治的な悪」を繰り返しても、ユダヤ人たちには自分にはそれを非難できる倫理的優位があるとは思えなかった。

けれども、今回のガザの事件で、世界のユダヤ人たちの気持ちはずいぶん変化したと思う。

そこまでして守らなければならない土地なら、私はもう要らない。自分のいるこの国で反ユダヤの迫害を受けるほうがまだ「まし」だ。そう思うユダヤ人たちが出てきた。

この先、この趨勢は強まることはあっても弱まることはないだろう。

（2014年8月11日）

何のために血を流してきたのか

アメリカは〔2014年8月〕8日、イラク北部で「イスラム国」への「限定的な」空爆を開始した。

クルド人やキリスト教徒が山間部に避難した事態を「大虐殺」の予兆とみなし、予防的な空爆に踏み切ったのである。

これまで軍事介入には慎重姿勢を示していたオバマ大統領は、この方針転換についても「イラクでの新たな戦争」に巻き込まれないこと、地上部隊は派遣しないことを公言している。

アメリカは過去70年間休むことなく海外に軍事介入してきたが、ここに来てさすがに「及び腰」になり始めた。

軍事介入においてアメリカはつねに「悪いインディアン」に襲われた「幌馬車隊」の救援に駆けつける「騎兵隊」というセルフイメージを抱いてきた。

そのシンプルな物語がついにアメリカ人自身にとってさえ説得力を失ってきたようだ。「幌馬車隊」や「インディアン」がそこに自存する現実ではなく、「騎兵隊」の眼にだけそのように「見えている」仮象だということに気づき始めたからである。

旧ソ連のアフガニスタン侵攻のとき、CIAはパキスタン政府とともにイスラーム戦士たちに軍事教練を施し、結果的にのちにアルカイーダとなる組織の基礎づくりに加担した。たぶんこの頃からアメリカは自分がしていることについてだんだん確信を失っていったのだろうと思う。

どの国でも、戦闘が一段落すると、感謝してくれるはずの「幌馬車隊」が「騎兵隊」を迷惑がり、追い出しにかかり、ひどいときは「インディアン」に変貌して「騎兵隊」を襲い始めた。「いったい私たちは何のために血を流してきたのか?」。アメリカはようやく立ち止まって、この根源的な問いに向き合おうとしている。そして、答えが見いだせないでいる。

かつて10万人のアメリカ人青年の血を流してようやく「民主化」を達成したはずの同盟国の政府が、「アメリカの与えた憲法秩序」を棄てて、アメリカの国是である「自由と民主主義」を否定しようとしている様子をアメリカは今ぼんやりと眺めている。自分たちがほんとうは何を守るために戦ってきたのか、アメリカ人自身にもうわからなくなってきているのだろう。

（2014年8月25日）

第4講

大市民のための教育論

実学の寿命

実学とは何か。「教育投資の回収が迅速かつ確実に見込まれる知識や技術」のことである。

それは有用性とも知的愉悦とも関係がない。数学や音楽や文学の有用性や愉悦を否定する人はいないが、それらは「実学」とは呼ばれない。「投じた学資の回収」が確実ではないからである。

今、学生たちが好んで選択するのは医学、バイオサイエンス、法律学、金融工学などであるが、これは平たく言えば「換金性の高い教科」ということである。

学生に付加価値をつけて労働市場に送り出すことが大学の使命であるという「実学」的観点から言えば、換金性の高い教科を取り揃えろという主張は正しい。

しかし、「実学」は時代とともに変わる。

スタンダールの『赤と黒』を読むと、19世紀のフランスにおける実学はまず「カトリック神学」であり、ついで「軍学」であることが知れる。それゆえ、貧しいジュリアン・ソレルは「迅速かつ確実」な投資先を血眼で探し求めたのである。

それほど時代を遡らなくても、1960年代、理系の学生が好んで選択した第2外国語はロシア語であった。ソ連が当時の科学技術の最先端国だったからである。今、ロシア語を選択する宇宙物理学専攻の学生を見ることは希である。「実学」とはつねに「期間限定」のものであり、その期間は皆さんが想像しているよりはるかに短い。

（2008年6月23日）

旅の心得

この夏も学生の語学研修の付き添いで、3週間フランスで過ごした。

旅行ではいつもどうやって持ち物を減らすかに腐心する。必要なものは現地で調達し、用事が済んだら現地に置いてくるのが一番だが、実際には旅の荷物というのは、現地では調達するのがはなはだ困難であり、かつ旅行に必須のもののみによって構成されているのである。

私の場合、必携品は仕事用のパソコンと湯沸かしとインスタント食品（醬油味の食べ物を定期的に補充しないと生きてゆけない体質なので）と変圧器と書物。服を入れる余地がない。どうせ夏場だし、スーツを着てでかけるような用事もないので、ぼろぼろのジーンズとシャツを詰め込んで、帰るときにホテルのゴミ箱に捨ててくることにしている。

帰りの荷物が多少は軽くなる。

それに滞在中もいつもよれよれの格好をしていると、スリもかっぱらいも標的にしないので、セキュリティー上たいへん好ましい。

というわけで、連れて行く女子学生たちにも「現地での安全のために、できるだけビンボ臭い格好で来るように」と厳命した。

空港で集合したとき、「よしよし、みんな私の言うとおりにしてきたね」と言いかけて、とっさに口をつぐんだ。

あのまま最後までセンテンスを言い切っていたら、私は旅の間中、彼女たちから一言も口をきいてもらえなかったであろう。

（2008年9月15日）

「いじめ」の政治手法

着任以来、高い支持率を誇る橋下徹大阪府知事が全国学力調査の結果公表を拒んだ府下各市町村の教育委員会を、「クソ教育委員会」と罵った。非開示の市町村には来年度の予算配分で「罰」を与える可能性も示唆した。

この人のパフォーマンスのきわだった特徴は、ひとことで言えば「いじめ」である。知事就任後、府職員の人件費、文化施設、伊丹空港と、府知事は数々の削減と廃止を提案してきた。それは「財政再建」という大義名分のもとに「次は誰が標的になるか」という興味にメディアの耳目を集めることであった。

「今度は誰をいじめますか？」と彼は府民に問いかける。「府民に代わって、既得権益にあぐらをかいているワルモノ」たちを退治するという政治的なポーズは、たしかに人の嗜虐性を刺激する。

だが、そういう語法で社会問題を論じる限り、何かを「壊す」ことはできても、新しい何かを創造することはできないと私は思う。それは「怯える人々」と「おもねる人々」を組織的に作り出すだけである。

知事は大阪府の全国テストの成績結果にご不満のようだ。けれども、教室で、「このクラスの成績を下げたのは、どのクソだ?」と怒気にまかせて問責する教師が、生徒たちの学ぶ意欲を高めたためしはないということを、彼は知らないのだろうか。

(2008年9月29日)

子どもの成長は「格付け」できるか

ある経済誌が「本当に強い大学」を特集した。私が勤務する神戸女学院大学が「生涯給料獲得ランキング」で4位に入っていた。東大が5位だから驚くべきハイスコアである。

上位にランクインするのは営業上はたいへん好ましいことなのであるが、この経済誌が何を根拠にこのような数値をはじきだしたのか、私には見当もつかない。

金融機関の格付けからタレントの格付けまで、日本人の「格付け」への執着はいささか常軌を逸してはいまいか。

私の門人が合気道教室を開いて、子どもたちを教えている。その教室では「昇級のインターバルが長すぎる」という親御さんからの陳情を承《う》けて、1級から10級までの10段階をそれぞれABCに分けて、合計30段階にも細分化したそうである。

水泳教室でインストラクターをしているゼミ生の話では、「顔を水につけられた」「目が開けられた」というふうに、技術を一つ習得するごとに級が上がるようなシステムになっているのだそうである。これも親の要求。

「教育投資」の投資効果が数値化されて示されないと、子どもの身体的な変化や成長さえ実感できない親が増えたということである。情けない話だが、私たちが格付けに依存するのは、数値に示されない微細な徴候に基づいて「人を見る目」を失ってしまったからなのである。

（２００８年11月10日）

女子学生も「貧乏シフト」

毎年、クリスマスの季節になると80人近くの女子学生と膝突き合わせてゼミの面接をする。彼女たちの社会の変化に対するアンテナの感度のよさには毎年のように感心する。

今年の面接で、「いま若い女の子がどんな雑誌を読んでるか知ってますか?」と逆質問された。『CanCam?』と答えたら、もう終わってますと笑われた。

いまはみんな『sweet』を読んでいるという。欧米のセレブが着ている最新ファッションを、梨花《りんか》や吉川ひなのといった日本人モデルが日本人向けにアレンジした着こなしをする。上下合わせて4万5000円也。安くはないけれど、高すぎもしない。

エレガンスとプライスの「折り合い」をぎりぎりまで追求するのが『sweet』のファッション戦略らしい。

なるほど。

これは「貧乏シフト」と呼ぶべき生存戦略の変化の一徴候と見てよいだろう。同じ傾向は面談した学生たちの中に「消費行動」を研究テーマに挙げた学生が一人もいなかったことからも知れる。

かつては「ブランド」や「流行」をテーマに選びたがる学生が必ずいたのだが、今年はゼロ。

「消費を通じて『自分らしさ』を表現する」という80年代来のイデオロギーは急速にその影響力を失っているようである。

その点については、「貧乏シフト」のもたらす生活感覚の補正を私は喜ぶのである。

（２００８年12月22日）

「苦学」のススメ

日本の大学の授業料は高すぎる。

国立大学でも、初年度納入金は80万円を超える。授業料減免や奨学金などの救済対策はあるが、それでも学生が親の援助を受けずに払い続けることのできる金額ではない。

私が大学に入った１９７０年、国立大学は入学金４０００円、半期授業料６０００円で、窓口に1万円札を差し出したら学生証が貰えた。アルバイトの時給が６００円だったから、2時間働けばひと月の学費がまかなえた勘定である。だから、当時の学生は親の財布をあてにせず「苦学」することができた。

その後、教育行政の指導によって学費は急カーブで上昇した。そして「苦学生」というものがこの世から消えた。

苦学が不可能になったせいで、社会は大きく変わった。

一つは進路決定に親の同意が必要になったということである。子どもが「したいこと」と親が「やらせたいこと」はたいてい違う。苦学が不可能になったということは、「自分のしたい勉強（親が絶対に同意しそうもない分野の）」を断念する子どもたちがその後おそらく数百万単位で出現したということを意味している。

それが日本の知的生産性をどれほど劣化させることになったか。おそらく、それによって失われた知的資産は、授業料の値上げによって国庫に収受された金額をはるかに超えるはずである。

（２００９年３月９日）

「能力」では就活に勝てない

就活のハイシーズンになった。

大学3年の秋ごろから走り始めるが、4年の夏が過ぎても内定が出ない人は出ない。不況シフトで採用数を控える企業も多いから苦しい就活になるだろう。

多くの学生は就活を受験勉強と同じものだと考えている。成績優秀で、弁舌さわやかで、リーダーシップのある人が選ばれ、そうではない人が落とされる、と。

しかし、実際には採否の基準は、個人の能力ではない。あらゆる組織は集団のパフォーマンスを向上させる人を求めている。

組織が求めているのは「一緒に働いている人たちの気分をよくしてくれる人」である。それは必ずしもいわゆる「能力」とは相関しない。

リーダーをなにごとによらず支援しまくる「イエスマン」力も、グループ内のコミュニケーションを円滑にする「座持ち」力も、ひねくれた逆説を弄して盛り上がりに水を差す「あまのじゃく」力も、どれも集団が健全に機能する上では欠かすことのできない能力である。

しかし、学生たちが受験競争を通じて学んできたのは、どちらかというと「他者の能力の開花を妨害し、その評価を引き下げる」技術である。

そのような能力は実社会では有害無益である。競争相手をおしのけようと必死になる学生たちは、その競争マインドそのものによって面接官の評価を下げているのだが、誰もそのことを彼らに教えない。

（2009年4月20日）

キャンパスライフのすすめ

新学期のオリエンテーションで新入生に学生生活の基本的な心得を伝えた。それは「できるだけ長い時間をこのキャンパスで過ごすように」ということである。そのためにはまず単位を取りすぎないことが必要である。

大学生というのは1時間の課業について2時間の予復習をするということが想定されているからである（その3時間に15週を乗じたものを1単位と称するのである）。私はこれを必ずしも空語だとは思わない。1時間の授業が身につくためにはその倍の時間が必要だというのは経験に照らして正しい。

それは食事の前に手を洗い、ご飯を食べた後に「食休み」をするのと似ている。知識が全身にゆきわたるには前後にそれだけの物理的な時間が必要なのである。

もう一つの心得はできるだけアルバイトをしないこと。

学生は「貧乏ベース」で生活設計すべきである。貧乏だとキャンパスを遊弋《ゆうよく》するくらいしかすることがない。図書館で本を読み、チャペルでパイプオルガンを聴き、庭園で花を眺め、校舎を散策する。

そのときもし学生諸君が気づかないうちに「何か美しいもの」「何か知的に高揚感をもたらすもの」を求めていたとすれば、それはすでに「学び」が起動したことを意味するからである。そのように無防備なまでに心身の感度を上げることを許す場こそ、学校という空間が学生たちに提供できる最良の贈り物なのである。

健闘を祈る。

（2009年5月4日）

本当の「コミュニケーション能力」

学生たちがよく「コミュニケーション能力」を上げたいと言う。

その語が何を意味しているのか、彼女たちはよくわかっているのかと、ときどき不安になる。というのは、学生の過半はコミュニケーション能力を「自分の言いたいことを適切に、確実に相手に伝える力」だと思っているからである。

けれども、それはコミュニケーション能力のごく一部（それも副次的な）にすぎない。コミュニケーション能力とは何よりもまず「コミュニケーションの場を立ち上げる能力」である。

自他を結ぶ通信の回線が「生きている」ことを確認するいくつかの手だてを知っているということである。

「あの、私の声、聞こえてますか?」というようなタイプの発話がそれである。あるいは相手が話しているときに、「きかせどころ」でぐっと力が入った瞬間にすかさず「うなずき」を入れるというようなリアクションがそれである。

英語のパブリックスピーキングを担当していた先生からこんな愚痴を聞いたことがある。

「学生たちは教壇に立つと、いきなり用意してきたペーパーを読み始めるんです」

どこが悪いのかわからずきょとんとしていたら、「まず最初にクラスを見渡して、『こんにちは』とか『これからヘタな英語でスピーチしますけれど、ひとつご容赦を』とか言うところから始めるべきでしょう」と言われた。

いや、おっしゃる通りである。

(2009年7月20日)

塾通いの子どもとテレビの論客の共通項

夏休みに入り、塾通いの子どもたちとよく電車に乗り合わせる。彼らの会話を立ち聞きすることは、私の止みがたい趣味の一つである。男の子たちの会話の特徴は、誰かが提出した話題を「つぶす」スピードと切れ味の競い合いだという点にある。

なかなか興味深い論点を一人が提示しても、それを軸に話頭《わとう》は転々として奇を極めるということはまず起こらない。それは話を面白くするための努力を彼らが惜しむからである。

むしろ、そのような努力が存在するということ自体を知らないように見える。別にそれほどむずかしい仕事ではない。

いちばんシンプルなのは「それって、具体的にはどういうこと?」「もうちょっと詳しく話してくれない?」という「促し」である。

「促し」というのは「自分の知らない話題」「どこをめざしているのかわからない話」について先駆的に面白がる能力を要求する。この能力がある人々が何人か集まってはじめて、「話が弾む」という状況が出来《しゅったい》するのである。

テレビに出てくる論客たちは自分に理解できない話にまったく反応しない。論件そのものを「存在しないもの」として扱う。たしかにそのようにふるまっていれば「知るべきことはすべて知っている人間」のようには見えるだろう。

けれども、そういう人からは「自分は知らないけれどなんだか面白そうな話」に対するセンサーの操作法を学ぶことはできない。

（2009年8月17日）

対話の作法

去年（2009年）までは、教育現場からの講演依頼はできるだけ引き受けるようにしていた（今はお断りしている。きりがないので）。

そこで感じたのは、現場の先生たちの言葉づかいが思いのほかに「きつい」ということである。

先生たちの中には、ふだん子どもを相手にしているせいか、たたみかけるようにテンポが速い話し方をする人がいる。

ご本人は気づいていないのだろうが、聴く方には「威圧的」と感じることがある。教師同士の「仲のよさ」をアピールしようとブラックな皮肉を言う人も多い。たぶんかなり非礼でも許し合える関係を親密さの表現だと解して欲しいのだろう。

けれども、子どもたちが対話の作法を学ぶのはしばしば教師が子どもに向ける言葉からであり、教師同士の会話からであることは記憶しておいた方がいいと思う。「敬語の使えない子どもが多い」という嘆きをよく先生方から聴かされる。私も同感である。敬語は一種の「外国語」である。「浴びるように」聴くことでしか身につかない。

敬語を習得させようと本当に望むなら、子どもたちが「浴びるように」敬語を聴く場を作り上げるしかないだろう。現代日本の家庭で夫婦親子が敬語で対話することはまずない。ホームドラマを徴する限りは（あまり見ないけど）そうらしい。だとしたら、学校以外のどこで子どもたちは「敬語を浴びる」経験を積めばよいのであろうか。

（2010年4月5日）

詰め込み回帰は「教育ではない」

「ゆとり教育」が学力低下を招いたということになって、再び「詰め込み」への回帰が始まった。

「ゆとり」がよいのか、「詰め込み」がよいのか、双方いずれにもそれぞれの言い分はあるだろう。だが、教育制度を「ニーズ」に対応して、その本質を論じぬままに、めまぐるしく変化させることに私は反対である。

教育や医療や冠婚葬祭儀礼のような人類学的システムは、数万年前から本質は変化していないはずだからである。

それらの制度は「共同体の維持」のためのものである。それに尽くされる。その中で教育は「子どもを共同体成員としての責務を果たし得るまでに成熟させる」という機能を担っている。

共同体成員として、負託された義務を果たし、弱者を支援し、限りある資源の公正な分配を気づかう人間をつくること。それが教育の目的であり、自余のことは枝葉末節に過ぎない。

だが、「詰め込み」回帰を求める人たちはどうも「競争を通じて、弱者を蹴落として、自己利益を確保すること」を学習の動機づけに使うことに心理的抵抗がないように思われる。

繰り返し言うが、おのれの学力をもっぱら自己利益のために利用する子どもを育てることは「教育ではない」。そう言い切れる人が今教育行政の要路に存在するだろうか。私はそれを危ぶむのである。

（2010年4月19日）

小粒な原理主義者という気鬱

教師による学校現場での「しけた不祥事」が相次いでいる。

試験に校長を暗殺した犯人を当てる問題を出したり、理科の授業で生徒の口と鼻を押さえて失神させたり。朝からそういう新聞記事を読まされると、気鬱になる。

そこから窺えるのは「原理的には『あり』でも、常識的には『無理』」という判定がうまくできない人が増えていることだからである。

「常識」は形のあるものではない。ガイドブックもマニュアルもない。「常識的にそれはちょっと……」と抑止的に口にされるだけである。そこで言われる「常識」なるものが真であると示すエビデンスは存在しない。

「あなたの言うことのどこが常識なのだ。歴史的にいつから常識に登録されたのか、世界中どこからどこまでの地域で常識なのだ」と詰め寄られると返答できない。けれどもこの「腰の弱さ」こそが手柄なのである。

常識を根拠に人を罵倒したり、制度の破壊を企てたり、戦争を始めたりすることはできない。「そんなの非常識」だからである。

常識は決して原理にならない。だから「しけた不祥事」を起こすのはいつでも「小粒な原理主義者」たちである。

優先席にふんぞり返って座る青年も、スーパーの店の前の路上に駐車するおばさんも、自分たちの行為を批判できる根拠が「常識」しかないことを知っている。「常識ある人」は彼らをいきなり罰したりしないと知っているからそうするのである。

（２０１０年11月8日）

「残酷な時期」、私の告白

いじめを苦に子どもが自殺するというニュースが続く。

学校側は加害者の特定を避けようとする。加害者もまた子どもであり、しばしばいじめの被害者でもあるからである。

いじめには私自身も被害・加害両方の立場から関わったことがある。

小学校の時、病気静養の後、１年ぶりにもとのクラスに戻ったら、いじめの対象になった。不在の間にクラスで共有された新しい「ゲームのルール」がわからなかったからである。いじめは執拗なほど長く続いた。

１年ほど経った後に女の子が転校してきた。私はきっとこの子が次の標的になるだろうと思って、少しほっとした。

そして、その子に対するいじめを今度は私が先導して開始しようと思った。やりかたは熟知している。

口火を切るために私が授業中いきなりその女の子に攻撃的な言葉を投げつけた時、クラス中がしんとしたのを今でも覚えている。

その日から私はさらに激しいいじめの対象になった。人間というのはこうやって堕落するのだとそのとき私は学んだ。

そのときの級友たちの何人かと私は中学で仲良くなった。そして、あの頃はみんな「次は誰の番か」と怯えていたのだと教えてもらった。

子どもたちは成長の過程で一度はこの残酷な時期を通過する。そのときに子どもたちをどう守るか。それは加害者を罰するということとは違う種類の知性の働きを要求する。

（２０１０年11月22日）

大学勤務で学んだいくつかのこと

21年間勤めた大学を定年退職することになった。「大過なく」（中過や小過は数知れずあったが）勤め上げることができたことをお支えくださった方々に感謝したい。というような私的な謝辞を『AERA』のような公器を使って書くのは、ほんとうはいけないのだが、一生に一度のことだから大目に見ていただきたい。

最終講義というものをやることになっている。この大学に勤めて私が学んだ二、三のことがらについて語る予定である。

学んだことの一つは、女性は生物として男よりずっと強いということ（別に私が改めて言うまでもないことだが、やはり骨身にしみた）。

一つは、ミッションスクールは本質的に「場違い」な存在だということ（だから、そのつどの支配的なイデオロギーとなじみが悪い）。

一つは、マルクス主義者とキリスト教徒は組織内で闘うときに友として頼りがいがあるということ（頼りにならなかったのは「元全共闘」）。

キリスト教のリベラル・アーツ・カレッジという、まるで「非実学的」な学校がそれでも1世紀を超えて生き抜いてきたのは、原理主義と生物的な強さがそこで相補的な仕方で共生していたからだろう。

おそらく儀礼と戒律が生命力を高める場合があるのだ。大学にいる間、他はともかく、レヴィナス研究と合気道だけは存分にやった。その成果とこの経験的結論はたぶん無関係ではない。

（2011年1月24日）

「愛神愛隣」が架橋したもの

21年勤めた神戸女学院大学の退職にあたり、（2011年）1月22日の最終講義では学院標語である「愛神愛隣《あいしんあいりん》」について話した。

中東の荒野に発祥した「異族の思想」は長い時間と距離を踏破して極東の列島にたどりつき、そこで「土着の文化」と出会った。

そのとき両者を架橋する概念が必要だった。「愛神愛隣」がそれではなかったかと私は思う。

一神教の超越的な「神」の概念は、そのままでは温帯モンスーンの土着の宗教意識にはなじまない。外来の「神」が根づくためには、それを列島住民の生活実感に接続する「何か」が必要だった。

偶然袖振り合った「他生の縁」でつながる「寡婦、孤児、異邦人」がいる。彼らに、食物を与え、衣服を着せ、寝る場所を提供すること、それが倫理的には正しいふるまいだということは私たちにもわかる。正しいことだ。けれども誰にでもできることではない。それゆえ、そのような仕事をなしうる人を古来「仁者」と呼んだ。

惻隠《そくいん》の心は仁の端なり。

苦しむ隣人を気づかうことは天来の召命を果たすことに通じる。この儒教の理路は、日本人にはなじみ深いものだった。

「愛神愛隣」は信仰と実践は乖離してはならぬと一言で言い切り、荒野に生まれた一神教と秋霜烈日の武士道エートスとを架橋した。

文明を架橋できる言葉には固有の美と力がある。それを標語に選んだ先人の知恵に私は深い敬意を抱くのである。

（2011年2月7日）

大学人に求められる相反する要請

京大入試のカンニングについて、いろいろな人からコメントを求められた。

私は入試部長を拝命しているので、「もしこれが私のいる大学で起きたら」という想像をする。その上で、私は京大当局のとった措置（「入試の公平性を揺るがした」として偽計業務妨害容疑での被害届を京都府警に出した）には手続き上は瑕疵《かし》がないと判断する。

多くの論者は京大当局を厳しく批判している。「教育機関としての寛容さが足りない」というのも、「そもそも監督が行き届いていない」というのもその通りだが、現場の人間としてひとこと言わせてもらいたい。

大学は入試について「すべての受験生に公平な受験機会を担保する」という社会的責任を負っている。不正行為は許されない。

だが、同時に大学は教育機関である。それはそこに迎えるすべての若者たちを（受験生を含めて）知性と倫理性において信頼するに足る人々と「みなす」ことでもある。

公平性を追求すれば受験生全員を潜在的犯罪者とみなすことになり、教育目的を追求すれば受験生全員を良識ある市民とみなすことになる。

性悪説と性善説を同時に信じることを大学は要求されているのである。

大学人は経験知に基づく「さじ加減」でその矛盾する要請の折り合いをつけている。どちらかに片付けろと言われても、軽々に肯《うべな》うわけにはゆかない。その二つの要請に引き裂かれてあることが、大学人の常態であり、教育機関の本義だと私は信じているからである。


（２０１１年3月21日）

「世界標準に」という人間に「世界」は

東大が秋入学の導入に向けて動き出した。

私はもう大学の禄を食む仕事から足を洗ったので、新聞記事に「大学」という文字を見るたびに胸がどきどきするということはなくなったが、この記事を読んだときに、前年まで入試部長の私だったらどんな気分になっただろうと考えた。

あまりリアリティーのない想像だが、たぶん、「いい気分」にはならなかっただろうと思う。「東大が秋入学にするそうだから、うちも秋入学にしたらどうか」という議論がいずれ教授会で出てくるだろうが、そのときの教員たちの「せっぱつまった」表情が想像できたからである。

それは「世界標準は秋入学だから秋入学にしよう」「世界標準は英語だから授業を英語でやろう」ということを言い立てている東大の人たちの「焦慮」と同質のものである。

それについて私が経験的に言えるのは「世界標準にキャッチアップせねばならない」と言う人間が世界標準を創り出すことは原理的にありえないということである。

武道では、それを「後手に回る」あるいは「居着く」と言う。

「こうきたら、こう応ずる」という枠組みでそのつどの最適解を考えている限り、百年たってもその人は場を主宰するポジションに立つことはできない。

たしかに東大は「他の誰かがルールを決めてしまったゲームに後から参加して、そこで高いスコアを取る」ための知的技術の教育機関としてはすぐれた戦績を残してきた。

けれども「誰もそこでゲームができると思っていなかったフィールドでゲームを始める」タイプの知性を生み出すことについてはほとんど見るべき成果を残していない。

秋入学シフトの提言から、残念ながら私はあの聞き飽きた「欧米では……」「香港やシンガポールでは……」というタイプの「キャッチアップに遅れることへの焦り」以上のものを聞き取ることができなかった。

日本の若い知性をほんとうに勇気づけ、奮い立たせる冒険的な息づかいを感じなかった。

もしこれが、「在学中の就活禁止」とか「卒業後1年間のギャップイヤーを義務づける」とかいう話なら、私はその冒険心に熱い拍手を惜しまなかっただろうに。

（2012年2月6日）

学校は何のために存在するのか

入学式の季節、大阪の公立学校には重苦しい雰囲気がたちこめている。

教職員に君が代の起立斉唱を義務づける条例が施行されたことを受け、起立斉唱についての厳密な確認が始まったからである。

同一の職務命令に三回違反すれば免職できる規定もできた。橋下市長は「税金で身分保障されている公務員は業務命令を遵守すべきであり、いやなら辞職すればいい」

と言う。

公務員が上位者からの業務命令を遵守するのは組織問題である。監視と処罰による教職員の管理が教育に及ぼす影響を憂慮するのは教育問題である。水準が違うから、話が嚙み合わない。これを嚙み合わせるためには問題の次数を一つあげるしかない。それは「学校はそもそも何のために存在するのか？　どうすれば教育は機能するのか？」という原理的な問いに立ち戻ることである。

学校教育の目的は子どもたちを成熟した市民へ育てあげることにある。

「学び」への意欲を起動させることにある。これがまず明確にされなくてはならない。長い人類の経験は、その目的を達成させるためには、さまざまな教育理念が併存し、さまざまな教育方法が混在する「多様性についての寛容」が学校には不可欠だと教えている。

つまり、学校教育においては、めざす目的は明確でなければならないが、それを達成するための手段にはできうる限りの多様性が許されるべきだということである。

子どもたちの前に多数の選択肢が拡がっているときにだけ、「成熟する」という唯一無二の目的への歩みは確実なものになる。生物にかかわるすべての規則が教える通り、ランダムな出来事の流れがあるところにおいてのみ、ランダムでないプロセスは生き延びることができる。

「乱雑さのないところに新たなものは生じない」（グレゴリー・ベイトソン）

大阪では、一義的でなければならない教育の目的については「市場が求める人材の育成」以上の言葉は語られていない。

「教育の多様性（そこには教師たちの政治思想や信教の多様性も含まれる）を担保するために何をなすべきか」という問いは立てられることさえない。

そこに教育の生き延びる余地があるかどうか。私は懐疑的である。

（2012年4月16日）

「いじめ」がもたらす本当のリスク

大津の「いじめ」事件について、いくつかの媒体からコメントを求められた。いつも同じことを答えた。

もし、「立場上反論や反撃が許されないものに、暴力をふるい、屈辱を与え、生きる気力を失わせる」ことを「いじめ」と定義するなら、今メディアが学校の教師たちや教育委員会に対して行っていることは、そのまま「いじめ」である。

自分が現に「いじめ」を実行しながら、「いじめはよくない」と正義の主張をなしているつもりでいるメディアの知的不調に、私は深い疲労感を覚える、と。

今の日本社会には「いじめ」が蔓延している。

「生産性の低い企業は市場から淘汰されて当然だ」「英語ができないやつは採用しない」「集客力のない芸能は消えてなくなっても誰も困らない」「電力価格が高騰するなら生産拠点を海外に移す」といった命題は、単独の文として読めば合理的だし、説得力もある。

けれども、それらの言葉を口にしている人間の表情は「中立的な命題を語っている人間」のそれではない。

反論も反撃もすることのできない人間を、猫がネズミをいたぶるように、じりじり追い詰めることから嗜虐的な快感を引き出している人間の顔を私たちはよく見知っている。それは「級友をいじめている子供」の顔である。

私自身は「管理責任はどうなっているんだ」と大学に怒鳴り込んできた「クレーマー親」たちの表情のうちに繰り返し同じものを見た。

「いじめ」は精神的に未熟な人に固有の現象である。だから年齢とはかかわりがない。

彼らには、自分とともに集団を構成している同胞（とりわけ弱い同胞）たちのパフォーマンスをどうやって向上させて、「集団として生き延びるか」という問題意識がない。彼らにとって喫緊の問題は、どうやって「隣にいる人間が享受しているパイ」を奪い取るか、どうやって同じグループの他のメンバーを無力化するかなのである。そうすれば「自分のパイの取り分」が増えると彼らは信じている。

だが、構成員中の「無力な人間」の比率が上がるほど、「集団ごと」淘汰されるリスクが増えるのでは……と不安になることが彼らにはないのだろうか。

（2012年7月30日）

ノーベル賞が欲しいなら

山中伸弥京大教授のノーベル賞受賞で、メディアは過熱気味だが、いずれ文科省も「ノーベル賞が取れるような教育プログラム」について各大学ではどのような「取り組み」をしているのか、報告せよというようなことを言い出すだろうと思う。

それについて私に一つ妙案がある。

それは人事や予算に「評価不能枠」を設けるというアイディアである。

全体の15%程度でよい。教育公募に応募してきた若い研究者と面談して「何の研究なのかよくわからないし、研究業績も査定しがたいが、話が面白くて、つい聞き入ってしまった」というような場合には「評価不能枠」で採用する。海のものとも山のものともわからない茫洋たる研究計画だが、スケールだけはやたら大きいというようなものには「評価不能枠」から予算を捻出する。

大学のキャンパスに一定数の「評価不能者」が遊弋しているというのは、アカデミアとしてはまことにつきづきしい光景である。

むろん、そういう「マッドサイエンティスト」の95%は残念ながら何の研究成果もあげずに無駄飯を喰って定年を迎える。

だが、残りの5%は「ふつうの秀才」には決して実現できないようなスケールの仕事を成し遂げて、「無駄飯喰い」の同僚たちに投じた逸失賃金を補って余りある利益を研究機関にもたらす。それくらいの歩留まり率なら上等だと私は思う。

学術における「査定の正確さ」はしばしば諸刃の剣として機能する。研究史が教えるのは「斬新すぎて、その価値を従来の度量衡では測定できない研究」が、つねに人類の知の新しい頁をめくってきたということである。

だが、この20年、日本の大学はより厳密な業績査定方法の技術的洗練に膨大な時間と手間を投じてきた。

その結果、日本の大学からは創造的知性のための居場所がしだいに失われつつある。その価値を査定しがたい知性の活動に対しては、とりあえず（いささかの疑念と）控えめな敬意を示して応援するというのが、経験的には手堅い習慣である。

文科省には「評価不能枠」の導入をぜひ前向きにご検討願いたい。グローバル人材育成や秋入学よりよほど実効性があると私は断言できる。

（2012年10月22日）

東大よ、福翁の自慢顔を見よ

東京大学が2014年度から「春入学・秋始業」という変則的な学年暦を採用する方針を示した。

新入生は「フレッシュプログラム」で大学で何を学ぶかについて考えさせられる。6月からの長い夏休みでは、海外の有名研究者を招いた夏季講座などを受ける。希望者は4月から8月末まで、ボランティアや短期留学などをする「ギャップイヤー」

を選択することもできる。

なぜこのようなややこしいことをするのか、正直言って、私にはよくわからない。私がもし東大の1年生だったら、受験勉強が終わって半年の「お休み」がもらえるとわかったらキャンパスに足を向ける気にはならないだろう。

それまで読めなかった本を読み、映画やコンサートに行き、海外・国内を旅行し、資金が切れたらバイトをするだろう。たいへん楽しい半年間にはなると思うが、10月に授業が始まるときに、初々しい新入生気分でいられるかどうか自信がない。

おそらく入学者のうち最も活動的な人たちはその半年間に「大学の授業よりも、もっと面白いこと」を見つけて、始業式には姿を見せないのではないかと思う。海外の大学に入学していたり、すでに起業していたり、作家やミュージシャンとしてデビューしているかもしれない。「それが狙いです」というくらいに東大当局が太っ腹であるとありがたいのだが、たぶん始業式の欠席者数を知って青ざめるということになるのではないだろうか。

そもそも秋入学への切り替えの動機が「欧米の大学がそうだから」というのが心細い。

「よそではこうですから、うちも」という横並びマインドは知的イノベーションと食い合わせが悪い。他がどうだろうと知ったことかという不敵さがアカデミアの生産性を担保するのではないかと私は思っている。

福沢諭吉は彰義隊のいくさで大江戸八百八町が浮足立っているとき、なに上野から二里も離れていれば鉄砲玉の飛んでくる気遣いはないと、英書で経済学の講義をしていた。

徳川の学校はすでに潰れ、新政府は戦争に忙しくて教育まで手が回らない。「日本国中いやしくも書を読んでいるところはただ慶応義塾ばかり」と言い切る福翁の自慢顔がまことに頼もしい。

（2012年11月5日）

失われた〝大学教育〟20年の実相

田中眞紀子文部科学大臣による3大学の設置不認可問題は、二転三転したあげくに、現行基準で認可という結果に終わった。大山鳴動して鼠一匹の騒ぎだったが、大臣が重大な問題を提起したことは間違いない。それは「大学が多すぎる」ということである。

さきの国家戦略会議でも財界人の委員から「大学が多すぎる。大学生の学力が低下している。外国語も一般教養も専門知識もない者に学士号を出すのはおかしい。質の悪い大学と大学生は淘汰されるべきだ」という意見が出された。長く大学の教員をしてきた者として、このような発言を軽々には肯うことができない。

大学がこれほどまでに増えたのは文科省が大学設置基準を緩和して、新規の大学の参入を容易にしたからである。

なぜ設置基準を緩和したかといえば、そうすれば大学間の生き残り競争が激化し、結果的に、質の高い教育を安いコストで提供できる「よい大学」だけが生き残り、そのハードルを越えられなかった「ダメ大学」は市場から淘汰される。教育行政の担当者がそう考えたからである。

その時点では合理的な判断のように思えた。だが、「大学を市場の淘汰にさらすことで大学教育の質を高める」という計画は予定通りには進まなかった。参入条件を緩和したせいで大学は増え続けたが、増えたほどに「ダメ大学」は減らなかったからである。

「大学全入」時代の到来により、入学者の学力は低下し続け、定員割れ学科は増え続けた。

適者だけを生き残らせるつもりで起動した生存競争のせいで、どこの大学でも「生き残り」に必死となり、そのための会議に膨大な時間と人的資源が費やされ、疲れ切った教員たちは研究教育のための余力を失い、学術的パフォーマンスで日本は国際競争に大きく後れを取った。

これが日本の大学教育の「失われた20年」の実相である。

競争させれば強者が生き残り、弱者は消える。このルールが学校教育に根づかなかったのは、教育の本質が弱者たる幼い同胞の潜在可能性をどこまでも信じることに存するからである。教育行政の要路にある人がこのことに気づかなかったことに私は強い衝撃を受けるのである。

（2012年11月19日）

体罰を「供犠」で解決する無理

大阪市立高校での体罰事件で大阪の教育行政が深く混乱している。

学校当局や市教育委員会の初動の対応が拙劣であったことを咎めて、橋下徹大阪市長が体育学科の入試中止や全教員の異動、予算停止や廃校措置など次々と踏み込んだ要請をしてきたのに加えて、政府からも介入があった。それに対して今度は保護者や生徒たちから「学校を守る」という動きが出てきた。

市教委が「体育系学科定員を普通科に振り替えるが、試験のやり方は従来通り」という「看板のつけ替え」策で市長の同意をとりつけ収拾をはかったが、その矢先に、今度は普通科での体罰事件が報道された。

体罰を「ひとりの教員だけ」の問題で収めようとした話が破綻し、それを「関係学科だけ」の問題で収めようとした話が破綻し、「学校全体の問題」になった。いずれ「すべての学校の問題」に拡大するはずである。

ある異常な個人や組織が「悪の張本人」であり、それを特定し、抉《えぐ》り取ってしまえば、集団は原初の清浄を回復するという物語は「供犠」と呼ばれ、人類と同じだけ起源が古い。長い歴史を持っているというのは、それだけ有効だったからである。

だが、供犠的手法は「悪」が集団深くで内面化し、一定以上の層に蔓延してしまった場合には、もう使えない。

「集団が生き延びるためには、成員の大半を排除しなければならない」という背理に至り着くからである。

第三帝国末期に、「諸悪の根源はユダヤ人であるから、ユダヤ人を根絶しさえすればドイツは甦る」という思想を信じていた人々がいた。

彼らはホロコーストが進行するにつれてむしろ戦況が悪化する現実を合理化できずに、ついには「ナチス戦争指導部こそがユダヤ人の傀儡ではないのか」という倒錯的な疑念に取り憑かれてしまった。

市長のこれまでの主張をロジカルに展開すれば、体罰問題の「最終解決」のためには、市内で「体罰が行われた学校」すべてを募集停止にすることが必要になる。そうでなければ話の筋目が通らない。

たしかに市内の学校の体罰はそれでなくなるかもしれない。

だが、大阪の中等教育もそのとき終わる。


（2013年2月4日）

学校教育現場の壊乱

大阪の教育現場が荒廃している。

橋下市長が主導する教育改革の一環として鳴り物入りで導入された公募校長たちによる不祥事が相次いでいるのである。

9 2 8人の応募者から選び出して任用した民間人校長11人のうちすでに6人がその不適切な行動を新聞に報道された。

一人は着任3カ月で業務内容や給与に対する不満で退職。

一人はセクハラで減俸と研修の処分（校長復職をめぐっては保護者たちから抗議を受けている）。

一人は偽アンケート配布で厳重注意。

一人はセクハラ発言を咎められて職員会議で謝罪。

一人は教頭に土下座を強要、修学旅行では生徒をふざけて川に突き落とした。

一人は出張や休暇の手続きを取らずに職場を離脱。

さすがに市議会からは制度の見直しを求める声が出ている。

不祥事の程度はさまざまだが、厳選した11人のうち6人がわずか半年のうちに校長として不適切な言動を咎められ新聞沙汰になったことは動かせない事実である。この比率を「偶然」と言い抜けることはむずかしい。

問題を起こした校長たちに共通するのは「強権的」「利己的」「性差別的」そして「無責任」ということである。おそらく任用者がこういう人間的傾向を「民間人らしさ」だと誤認して選択的に採用したのだと考える方がより合理的だろう。

民間人校長制度の不人気を受けて、制度発足2年目の来年度ですでに応募者は前年度の15%に激減した。採用数に対する応募者数比では前年度比5%（5%減ではなく、95%減である）。

市長は、応募時に提出するレポートを昨年の1種類から3種類に増やしたことが原因だとして、「ハードルを上げた結果であまり気にしていない」と述べている。だが、その言い分に理ありとするなら、市長は昨年の応募者たちの多くはレポートが3種類課されていたら応募しなかった「横着な応募者」だと暗に示唆していることになる。

ずいぶん人を愚弄した発言である。でも、それが本音だろう。制度導入の主目的は現在の学校教育現場を壊乱させることにあり、それに相応しい人材をたぶん選択的に登用したのである。ならば、彼らはよくその負託に応えたというべきであろう。

（2013年10月7日）

語り得ぬものを前に語る

宗教学者の釈徹宗《しゃくてっしゅう》先生と「聖地巡礼」というプロジェクトを実施している。何年か前、大学に在職していた頃、釈先生をお招きして、二人で「現代霊性論」という授業をしたことがある。

学期末に、授業で言及された神社仏閣を拝みに行こうという話になり、バスを仕立てて学生たちと京都を訪れた。東寺の立体曼荼羅や三十三間堂の千手《せんじゅ》観音を拝観し、南禅寺で湯豆腐を食べるという愉快なツアーだった。味をしめ次は奈良・興福寺に。

そのうち聴講生たちが国内外の聖地を踏破する「巡礼部」というクラブを組織した。さらにある出版社から「巡礼中の二人の対話をまとめて本にする」という企画が持ち込まれ、だんだん話が大がかりになった。

列を連ねた巡礼たちで三輪山に登り、熊野古道を歩き、キリシタンの遺跡を訪ねた。浄土真宗の僧侶である釈先生がナビゲーターで、私はもっぱら聖地のシグナルを感知する係である。

聖地とは「超越的なものの切迫」を生身で感知することのできる場所である。私は武道家であり、「気」とか「機」とか呼ばれる非分節的なものを感得することの専門家なので、「ここは空気の密度が違う」とか「肌に粟を生じます」とかいうことを皆さまにご報告する。

「何の科学的根拠があって、そのような妄言を吐くのか」とご立腹される向きもあるだろうが、こういう身体反応が科学的に認知されないのは主に計測機器の精度の問題だと私は思っている。

いずれ心身に起こる微細な変化をモニターできるくらい計測機器の精度が上がれば、昔の人にはありありと感じられたことを現代人は感知できないほど鈍感になったという散文的な事実が明らかになるだろう。

しかし、エビデンスがあろうとあるまいと、この「超越的なものの切迫」はあらゆる社会集団に固有のコスモロジカルな骨格を与えている。それは芸能にも文学にも習俗にも政体にも深々とした刻印を残している。

私たちはそれが「何であるか」は言い得ないが、それが「どう機能しているか」はクールに語ることができる。

語り得ぬものを前にした時は沈黙するだけが芸ではない。

「語り得ぬものの働き」について節度をもって語るのも知性の仕事の一つだと私は思っている。

（2014年4月14日）

第5講

大市民のための政治・経済論

催眠話法と本能的失言

私は話が乗ってくると、ギアがオーバートップに入ってどんどん早口になる。滑舌はけっこう良い方で、声も大きい。それでも、話しているそばから居眠りをする人はいる。

大学の授業だったら、耳元で「うち帰って寝たらー？　体に悪いよーっ！」と叫ぶのだが、講演でそれをするわけにいかない。目の前で寝られると、けっこう落ち込む。

反対に聴衆を眠らせるのは簡単だ。

一応はロジカルな仕立ての文章を、単調な声で、少しずつ言葉を換えながら3、4度繰り返す。原稿を読み上げようものなら効果てきめん。どんな注意深い学生でも抗いきれず、眠りに落ちていく。

とはいえ睡眠に誘うにはそれなりの技術がいるもので、教壇で棒立ちになって、つっかえながらしゃべっているのでは聴いている方はかえって眠れない。

眠らせるためには標準的な技量は必要なのである。

では、聴衆を引きつけるにはどうしたらいいか。

それには、いまさっき思いついた話をするのがよい。それを実践しているのが昨今の芸能人である。

大阪府知事の橋下徹氏に失言が多いのはさもありなん。

テレビの世界では、用意してきたことを発言しているだけでは視聴者がついてこない。失言はオーディエンスを目覚めさせるための本能的な行動なのだ。

橋下氏の発言に一貫性がなく、すぐ前言撤回をするのは、半分はそれが芸だと信じているからである。

（２００８年4月28日）

マルクスの修辞学を愛す

少し前に「しんぶん赤旗」から「マルクスブームと日本共産党の再評価」というお題で取材を受けた。

寡聞にして日本共産党への支持の機運のあることを知らなかったので、コメントのしようがなかった。

「希望的観測じゃないですか」と言ったら、記者は少しがっかりした顔をしていた。『蟹工船』が数十万部売れているそうだが、正直言って、当今の若者たちがあの小説にいったいどのような切実なリアリティーを感じるのか、私にはうまく想像できない。けれども、どんなかたちであれマルクスについて語る機会が増えるのはよいことである。

私は高校時代から折に触れマルクスを読み返す忠実な読者である。貨幣とは何か、市場とは何か、労働とは何かといった根源的な問いをマルクスのようなしかたで提示する（おまけに答えてしまう）大胆な思想家は他にいない。このラディカリズムがマルクスの最大の魅力である。マルクス主義の名を掲げた政治運動は、マルクスの思想よりラディカルさにおいてはるかに劣る。何より私はマルクスの修辞学を愛している。

彼はしばしば論理上の難点をレトリックひとつで切り抜ける。それゆえ私は若い人たちにマルクスを社会理論としてではなく、卓越した「言葉の使い手」として読むことを勧めている。

（2008年8月4日）

リーマン・ブラザーズの帝王

教え子が就職したとき上司から「金融のことはこれで勉強しろ」と青木雄二の『ナニワ金融道』を手渡されたそうである。

大阪のマチ金を舞台に、難解な金融用語が縦横に飛び交うこの「金融マンガ」を読むと、人がどのように借金で身を滅ぼすか、そのシステムが身につまされて理解できる。

ある職業がマンガになるかどうかは、その社会的認知度と相関すると私は思っている。マンガに登場する職業は「人間社会になくてはならぬもの」として認知されたものと見なすことができる。マンガには実にさまざまな職業人が登場する。刑事、医師、教師、法律家、スポーツ選手、料理人、政治家などなど。

外資系金融は久しく就活の花形であった。金融工学を駆使して作り上げた複雑怪奇な金融商品をさばき、高額の年収を稼ぐ人々を、メディアは時代の寵児ともてはやした。

けれども、キーボードを叩いて巨額の収益を上げ、都心の高層マンションに住み、フェラーリに乗って街に繰り出す「外資系金融マン」を主人公にしたマンガのあることは寡聞にして知らない。

なぜ『ミナミの帝王』は満都の人気を博したのに、「リーマン・ブラザーズの帝王」はマンガ化されなかったのか。それは「こんな商売、なくても誰も困らない」という人々の無意識的な判断を語っているのだと私は思う。（２００８年10月13日）

お金は天下のまわりもの

アメリカ経済の足腰がへたってきて、ドルが下がり続けている。

日本政府も米国債を抱えているが、私もドル預金を抱えている。何年か前、銀行の人に「いまどき、こんな低金利の定期預金にお金を預けておく人なんていませんよ」とうるさく勧められて、外国債や投資信託に切り替えたのである（断るのが面倒なことは何でも引き受けてしまうのは、私の年来の悪癖である）。

案の定、「年利４％は確実です」と保証してくれた投資信託もドル預金も、ずいぶん損を出してしまった。

「いやあ、こんなことになるとは思いませんでした」と支店長は苦笑いしていたが、一般人が「こんなことになると思っていなかったこと」をすぱすぱ予見できるのがプロではないのか。

「専門家の言うことは信じてはいけない」とつねづね書いておきながら、私もワキが甘い。

だが、私がなくしたお金はいったいどこに行ったのだろう？

去年あたり外資系ファンドマネージャーが買ったフェラーリのタイヤに化けたのかも知れない。だから、「お金がなくなった」という言い方はたぶん正確ではないのだ。私のお金はすでに誰かが使って愉快な思いをされていて、私はその「清算」をしているだけなのである。ただ「消えた」と考えると哀しくもなるが、見知らぬ誰かに功徳を施したと思えば腹も立たない。少し、立つけど。

（2008年10月27日）

わかりにくい政治家

年の瀬が近づくと、「新年に注目する人を挙げよ」という取材をよく受ける。

『AERA』からも2年前、「今年注目する人」というアンケートがあり、そのときに甲野善紀、大瀧詠一、福田康夫の3人を挙げた。思えばまだ安倍晋三内閣だったころのことである（遠い昔のようである）。

小泉純一郎内閣以降、政治を語る言葉はどんどんシンプルになっていった。シンプルであることそれ自体は悪いことではないが、現実が複雑なときに、それを語る言葉が単純すぎると現実は統制不能になる。

針が逆に振れて「なんだかよくわからないことを言う人」福田さんが登場するのは歴史的必然だろうと私は思ったのである。

メディアはそれでも相変わらず「政治家はわかりやすく語るべきだ」と主張し続け、「わかりにくい政治家」である福田さんは詰め腹を切らされた。代わりにまた「わかりやすい政治家」麻生太郎が登場した。

総裁選ではがんがん飛ばしていたが、首相になるとトーンダウンし、言うことがそれなりに「わかりにくく」なってきたので、これは宰相の重みを知った兆候かとほっとしていたのだが、ここにきてまた舌禍の連打である（全国知事会で医師のことを「社会常識が欠落している人が多い」と発言するなど失言をくり返した）。

おそらく遠くないうちに、自公はまた「わかりにくいことを言う」政治家を立てて延命を図るであろう。だから、私の「09年の注目の政治家」は与謝野馨である。

（2008年12月8日）

身内に借金できない「常識」

毎日、大企業の赤字転落やら雇用削減の記事が続く。どちらもやりくり勘定で苦労しているようである。そのせいか、試験には受かったが入学金が払えない、入学したものの授業料が払い続けられないケースが急増している納付期限の延長や奨学金支給で急場はしのげるのだが、どうも腑に落ちない。やむを得ぬ事情があったにせよ、わが子を大学に入れようと思いながら、学費の工面がつかぬと大学に言ってくる理路がよくわからないのである。ふつう、そういうことは身内から借りて済ませるものではなかったか。

どうやら現代人は「身内からは借金しない」ということを常識としているように見える。たぶん家族友人に借金を申し込めば、出費の妥当性を査定するまなざしにさらされるからである。

場合によっては「そんなことに金を使える身分なのか。分相応の生き方をしろ」というきびしい叱声を浴びる覚悟が必要である。

消費者マインドに骨まで浸かった現代人は消費行動・商品選択を通じてアイデンティティーを基礎づける。「私は何者か」が「私は何を買うか」とほとんど同義なのである。そんな現代人にとって、おのれの消費行動の適切性を審問されることは、人格を問われることに等しいのである。

今の経済危機の一因は「巨額の借金の使途の妥当性について他者の吟味を受ける機会」を組織的に回避してきたこの心性にも存するのではあるまいか。

（2009年2月23日）

経済第一、健康二の次

神戸で新型インフルエンザの感染者が出て、私の勤め先の大学も1週間、休校となった。この間、いくつかのメディアからコメントを求められた。「市民目線」の感想をということなので、「健康第一、経済二の次」とお答えした。

感染地域では街は閑散とし、電車もがらがらである。市民の経済活動は（マスクや消毒薬の購入を除くと）きわめて不活発であり、小売店や観光業者が音を上げるのもよくわかる。

しかし、市民たちが感染の拡大を防ぐためにマスクを着用し、手洗い・うがいを励行し、外出他出を自粛しているありようを指して「パニック」であるとか、「都市機能が麻痺した」と言うのは言葉が過ぎるのではないか。

感染地域の市民たちが予防措置を拒否し、構わず外出し、イベントに集まり、あるいは「マスクを無料配布しろ」とか「休業補償をしろ」とか言い立てているなら、それは「パニック」と形容してよろしいであろう。

実際にパニックに陥ったのは経済活動である。慌てた行政当局はインフルエンザの脅威についての評価を切り下げた。「インフルエンザのことは脇に措いて、とりあえず家から出てお金を使ってください」と言い始めた。

国民の健康と経済のどちらを優先させるべきか。これは判断に苦しむ二者択一だなと思っていたので、メディアの大勢があっさり「経済第一、健康二の次」に決したのには驚いた。

（2009年6月8日）

「ポウ的断末魔」、自民党の安堵

総選挙は自民党の歴史的大敗、民主党の圧勝に終わった。

選挙結果は、事前の予想通り。歴史的変化というわりには、人々は何ごともなかったような顔をしている。

株価も動かなかった。「予想通りの激変」というのは形容矛盾である。実際には自民党の退場はずいぶん前からの（小泉純一郎が「自民党をぶっ壊す」と揚言して以来の）国民的合意だったのだ。それが制度の惰性が効きすぎて、なかなか「死期」が訪れなかったのである。

エドガー・アラン・ポウの短編に催眠術をかけられている間に死んでしまい、術が解けないので生き腐りしている男の話がある。

死に始めているのだが死に終わらない状態がいつまでも続く。「早く死なせてくれ」と男は悲鳴を上げる。ポウはこういう「死にたいのに死ねない」恐怖を描くのが好きだ。

安倍晋三以来3代の自民党政権は「ポウ的断末魔」にあった。

今回の選挙で与党候補者にはもう語るべきいかなるヴィジョンもなく、野党のマニフェストには「財源の裏付けがない」という揚げ足取りに終始した。それはますます自公両党への倦厭感を募らせるだけだった。

彼らは、おそらくそうやって無意識のうちに自らの死期を早めていたのかも知れない。「やっと死ねた」と、安堵のため息をついている政治家もきっといるのだろう。

（２００９年９月14日）

天皇制の核心部分とは

少し前に雅楽の安倍季昌《すえまさ》さんとお会いする機会があった。さまざまな宮中祭祀のときに奏楽する伶人をされていた方である。うかがうと大変なお仕事のようだが、安倍さんによると、演奏家以上にご苦労されるのは直接お祀りをされる天皇陛下であるという。

ある祭事では、宮内庁式部職楽部の全員が、夕方から深夜過ぎまで楽を奏し、舞い続ける。両陛下が参拝を終えて私室に戻られたあとも、観客のいないままに神楽は最後まで演奏される。そして、すべて終わるまで陛下は就寝しないのだそうである。「われわれの演奏が終了したことをお聞きになってから、陛下はお休みになるのです」と安倍さんは噛み締めるように語った。

「陛下」という語をいかなる政治的含意もなしに、純粋に人間的な敬意を込めて口にする人に私はこのときはじめて会った。

天皇制の歴史的意義についての国民的合意が形成される日が来るのかどうか、私にはわからない。私が生きている間はたぶん来ないだろう。

でも、一つだけわかることがある。それは天皇制が本質的には感情の共同性に基礎づけられており、その核心部分を担っているのは、イデオロギー的な天皇主義者の激情ではなく、安倍さんのような、身近に皇室を知る人々の、もの静かで、個人的な崇敬の思いだということである。

（２００９年12月７日）

「廃県置藩」と連邦制

墓参りに帰る山形には空港が二つある。ＪＡＬが飛んでいる山形空港と、ＡＮＡが飛んでいる庄内空港である。二つの空港間は車で2時間弱。なんでそんなところに空港が二つあるのか。不思議に思って地元の人に聞いたら、「いや、こっちは庄内藩で向こうは最上藩ですから」と言われた。なるほど。明治維新から140年たつのに藩は健在なのである。

空港や新幹線の駅がそれほど必要であるかはわからないが、私は藩の復活そのものには賛成である。つねづね、地方分権の王道は都道府県を全国300程度の藩に戻す「廃県置藩」であると書いてきた。意見を同じくする人もだんだん増えてきて、心強い。中央集権上意下達が機能を発揮するシステムもあるし、自由裁量現場処理が効率的なシステムもある。外交のような政府専管事項以外の、生活に直接かかわる行政は「藩」単位で処理するほうが実効的だと私は思っている。

何をバカなと鼻で笑う人にお訊きしたい。日本政府はアメリカのシステムは何でも真似したがるのに、なぜ連邦制だけは真似しようとしないのか。アメリカは州ごとに教育制度も司法制度も違う。「州」というけど、「State」というのは誰が何と言っても「国」である。アメリカはいくつかの「国」の連合体なのである。アメリカの統治システムのもっともすぐれた点はそこにあると私は思うが、同意する人は少ない。

（2010年3月8日）

ダブル・スタンダードの手ごわさ

民主党の代表選は菅首相が圧勝し、メディアはどこも「政治とカネ」の問題についての世論の反小沢感情が後押ししたと書いている。私は「政治とカネ」という言葉づかいが好きではないが、小沢一郎の誤算はこの定型句に伏流している政治的経験知を過小評価したことにあるように思われる。

「李下に冠を正さず、瓜田《かでん》に履《くつ》を納れず」という言葉がある。これは公人は「推定有罪」を適用されるということを意味している。公人はすもの木の下で冠をなおしたら「すも泥棒」だとみなされ、瓜の田に踏み込んだら「瓜泥棒」だとみなされる。一般市民には「推定無罪」が適用されるが、公人には適用されない。税金の使い道を決める人間は税金を納める人間よりも納税義務の履行においてより厳しい基準を課されるのである。

「政治とカネ」をめぐる応答で、小沢一郎は一貫して自分のふるまいは「市民として適法的な行為の範囲内」であったと述べて「推定無罪」の適用を要請した。これは一市民としては当然の要求だが、残念ながら公人にこの言い分は認められない。

法律でそう決まっているわけではなく、市民は「市民に要求される廉潔」より高いレベルの廉潔を公人には要求する。そのダブル・スタンダードの手ごわさを見落としたのが今回の小沢一郎の敗戦の主因であったように私には思われる。

（2010年9月27日）

「非人間的」なのは誰か

大学生の就職内定率が過去最低だそうである。

学生たちはいまや入学直後から就職不安で浮足立ち、さっぱり学業に身が入らない。メディアは長引く不況のせいで雇用環境が悪化しているからというだけで説明を済ませているが、景気がよくなればすべてはよくなるという怠惰な「丸投げ」思考に私は与しない。

雇用環境が劣悪なのは、景況が「非人間的」だからではない。経済は「人間的」になったり「非人間的」になったりはしない。非人間的になることができるのは人間だけである。不況はある種の人間たちが大手をふって「非人間的にふるまう」ことを自分に許すための口実に過ぎない。「就職氷河期」という言葉は雇用のフロントラインにいる人間の「冷たさ」を伝えるものだと私は思っている。

日本は今も世界第3位の経済大国であり、国民1人当たりGDPでは中国の10倍という富裕国である。

これほど恵まれた状況でなお若者たちの雇用環境が劣悪であるとしたら、それは「雇用条件を切り下げてコストを削減し、当座の利益を確保し、あとは景気が回復するのを待つ」という芸のないソリューションに居着いて思考停止に陥っているビジネスマンたちが、私たちの想像よりはるかに多いせいである。

これだけ恵まれた条件にありながら、「非人間的」な雇用状況しか若者たちに提供できないことを日本の経営者たちは恥じるべきだろう。

（2010年12月20日）

「予測結果」は春先に出ます

2011年の日本はどうなりますか、という質問を年末になっていくつかのメディアから受けた。こういう未来予測にはなるべくお答えするようにしている。

未来予測は「当たりはずれ」が必ず検証できるからである。自分の予測がはずれた場合には、自分がどのような要素を勘定に入れ忘れていたのか、どのような推論上の誤りを犯していたのかが事後的に点検できる。

というわけで（すぐに正否の判定がつく）2011年の未来予測。

菅内閣はいつまで持つか。持って春先くらいまで。求心力がなくなってしまったし、中長期の国家戦略もない。もう一荒れしたら崩れそうだが、意外にしぶとい可能性もある。「首相の首のすげ替え」の手駒が払底したせいで、「打つ手がないので現状維持」という、なんだか情けない状態がしばらくは続きそうである。

自民党も今は野党だから「言いたい放題」だけれど、政権与党に返り咲いても、指南力の弱さでは変わらないから、いずれ支持率は急落する。それが高い確度で予測できるから、有権者も今さら「政権交代」に夢を賭けることができない。

流れを変える可能性があるのは、「大連立による政界再編」と「意外な人物の首相登用」である。これが政局としては「一番面白そう」なので、メディアの論調はいずれそちらに流れるだろう。メディアの誘導に有権者が追随すれば、そうなる可能性は高い。

（2011年1月3日）

「気休めの言葉」聴かせて

民主党の代表選が終わり、野田内閣が発足した。

この内閣の喫緊の課題は党内融和と野党との協調である。「波風を立てない」ということが最優先の政治課題なのである。たしかにこの選択には現在の日本に横溢している「気分」が反映されている。

それは「息を潜めてじっとしているうちに、なんとかなるかもしれない」という諦めとかすかな希望である。

震災と津波と原発事故という国難的危機の直後には、社会システムの抜本的再編に取り組むべきだという声が(怒声や悲鳴を含みつつも)一時的に高まった。

しかし、その後半年間の政府や自治体の対応の拙劣、情報の操作と隠蔽、既得権益の巻き返し……という流れの中で、改革を求める声はしだいにしぼんでいった。

システムの劣化があまりに進行していたので、ラディカルな再編など望むべくもないということが私たちにもしだいに身にしみてわかってきたのである。

政治家にも官僚にも財界人にもメディアにも、総じて日本のエスタブリッシュメントにはもう頼るべき人物がいない。彼らに何かを期待しても始まらないという深い絶望感に日本国民はしだいに慣れつつある。

「成長戦略なしに財政再建はありえない」という言葉が今日も新聞には書かれていた。たぶん書いている本人も「成長戦略なんかない」ということを知っている。

でも、ほかに書くことがないから書いている。「成長戦略抜きの財政再建」というのは、「ただひたすら貧乏になるだけ」ということであり、たぶんそうなるだろうと私たちはみな内心思っているのだが、言うと「角が立つ」ので黙っている。だから、「波風を立てない」「角を立てない」「耳障りなことを言わない」首相の登場は「時代の気分」には合っているのだと思う。

このままでゆくと、日本は不可避的に貧しく活気のない国になる。でも、そのスピードを遅らせることはできる。破綻を先延ばしにすることはできる。

そうやって「時間稼ぎ」をしている間に、何か思いがけない展開が外部から到来するかもしれない。そのわずかな期待のうちに日本人は生きている。

だから、それまでの間はせめて「気休め」になる言葉を聴かせてほしいのだ。

（2011年9月12日）

グローバリストを信じるな

米ウォール街を占拠した若者たちに連動した動きが世界各地に波及している。「強欲資本主義」と格差の拡大と若者の雇用状況に対する異議申し立てである。同種の抗議運動が世界に燃え拡がっているということは、いま全世界的に「同じ社会状況」が生じているということを意味している。

世界中で、強欲な資本家たちが権力と財貨と情報と文化資本を独占し、「持てる者」と「持たざる者」の二極化が進行し、中産階級がやせ細り、若者の雇用機会は日々失われている、ということである。

これは私たちにとってもはや「対岸の火事」ではない。世界中の国が同じ崖に向かって転がり始めているのである。

EUの連帯は綻びるだろう。中国の貧富の格差は遠からず忍耐の限度を超えるだろう。アメリカは市場開放をごり押ししてくるだろう。ロシアは北方領土カードを切ってくるだろう。

「移行期的混乱」に備えて手立てを講じなければならない。

残念ながら、日本の政治家と財界人とメディアが勧奨しているのは相変わらず「さらなるグローバル化」だけである。

国際競争力のありそうな産業分野に、ある限りの資源を集中して、そこを突破点に経済を浮揚させる（競争力のない産業分野は滅びるに任せる）というアイディアをグローバリストは芸もなく繰り返す。「勝ち目のあるところにある限りの資源を投じるべきだ」と。

だが、20年ほど「選択と集中」をやってみてわかったのは、グローバリストたちが「ここに資源を集中せよ」と選んだ「ここ」は「彼ら自身」だったということである。彼らは要するに「オレに金と人材を集めろ。オレがどかんと稼いで、お前らを食わせてやるから」と言っていたのである。たしかに彼らの幾人かは「どかんと稼いだ」。でも、「お前らを食わせる」ことには特段の関心を示さなかった。

むしろ、「生産性を上げるためには使えない人間は切るしかない。能力主義で再編された効率的な組織以外、グローバル経済を生き残ることはできない」と言い捨てて立ち去ってしまった。スマートだと思う。

とりあえず彼らは一つだけは私たちに教訓を残した。

グローバリストを信じるな。

（2011年11月7日）

「選択と集中」にすがっても

この稿が出る頃にはもう大阪の市長選挙の帰趨は決しているはずだが、選挙の結果にかかわらず、書き残しておきたいことがある。

今回の市長選は日本の未来に関わる重要な政治的岐路だったと思う。選択は「大阪都構想」の適否とか、教育基本条例案への賛否といった政策的対立点にではなく、その背後にある社会原理そのものについてのものだったと私は思っている。

橋下徹候補が掲げていたのは「選択と集中」の原理である。

能力の高い人間、生産性の高い分野を選び出し、そこに限りある資源を——権力も、金も、情報も——集中して、「競争に勝ち残ること」が目的とされ、生産性が低く、費用対効果の悪いものは、とりあえず切り捨てられる。

敗者の救済はいわゆる「トリクルダウン」に委ねられる。

アメリカの新自由主義者たちが唱えたこの戦略を橋下候補が大阪再生の切り札として差し出したことの適否についての理論的な検証を私はついに選挙期間にメディアで読むことがなかった。

だが、「選択と集中」と「トリクルダウン」理論の破綻は、アメリカと中国に見られる貧富の格差と「勝ち組」たちのモラルハザードという実情が示しているように私には思われる。その前例を吟味せずに、大阪に適用することのリスクについて、専門家たちは口を噤《つぐ》んで語らない。政治家たちも経営者たちもマスメディアもあたかもアメリカと中国が「範とすべき成功例」であるかのように、「選択と集中」による成長の夢を語り続けている。

日本はもう経済成長を前提条件とする政策を諦め、いまだ手元に残されたわずかな、しかし貴重な「見えざる資産」（豊かな自然環境、文化的厚み、治安のよさ、社会的平等、地域の連帯と相互扶助システム、「ものづくり」の伝統などなど）を基盤とした「連帯基盤社会モデル」へと舵を切るべきときだ。

私が平松邦夫候補を支持したのは「経済成長以外のもの」の支えがなければこれからの日本社会は立ちゆかないという「常識的判断」を感じたからである。

この選挙はあるいは後世から「思えばあれが歴史的な転換点だった」と評される出来事になるかもしれない。選挙結果を今私は息を詰めて見守っている。

（２０１１年12月５日）

「不条理感」生む真犯人は誰か

大阪の選挙のときに、「大阪に元気がない。閉塞感が街を覆っている」という言葉がメディアで多用された。

人々はあたかも自明のことのようにその言葉を繰り返した。

けれども、私は寡聞にして、「元気」にしても「閉塞感」にしても、その定義や由来について、またそれが首長選挙の帰趨によって激変するという理由についても、きちんとした説明を受けたことがない。

閉塞感というのは、おそらく「いくら一人でじたばたしても、少しも状況が好転しない無力感」のことではないかと思う。

自分の個人的な努力が、自分自身の生活の向上に結びつかない。その「努力と報酬の相関」の頼りなさ。空気が薄いせいで、いくら翼を動かしても前に進まない鳥の感じるもどかしさと疲労。それが「閉塞感」の実体ではないかと私は思う。

だとすれば、それは別に大阪という都市に固有の病態ではない。世界中を覆い尽くしているグローバル経済が生み出した心理である。

今、私たちはどこか名前も知らない遠い国での政変や自然災害や株価の暴落や政治家の汚職が原因で、ある日不意に賃金カットや労働時間の延長や解雇を告げられる。「キミはクビだ」と告げる上司自身、その決定の理由を説明できない。たとえ個人的には努力を惜しまない能力の高い働き手でも、地球の裏側で原油価格が高騰したり、不動産バブルがはじけたり、洪水で工場が水浸しになると、いきなり労働条件の切り下げを通告される。

パーソナルな努力では自分の運命をコントロールすることができない。その不条理感が私たちの生きる力を今、深く傷つけている。

だが、ＴＰＰにしても、生産拠点の海外移転にしても、英語の社内公用語化にしても、あるいは行政の効率化や、教育の上意下達的再編にしても、政治家やビジネスマンたちが処方するのはグローバル化へのさらなる加担ばかりである。

彼らは自分の能力が「誰か知らない人が決めた基準」によって考量され、自分の運命が「誰か知らない人たちの投資行動」によって決まるような社会になれば、「閉塞感」が払拭できて、社会に「元気」が回復すると本当に信じているのだろうか。

（２０１１年12月19日）

「熟慮」に値する問い

小沢一郎率いるグループが民主党を離れた。興味深い動きだが、新聞各紙はこれを批判的ないし冷笑的な口調で報じている。

「小沢新党」が反消費増税と反原発を掲げ、民心におもねって選挙に勝とうとするのは、有権者を侮る態度だと書いているものもあった。

だが、政治家というのは、そのつどの民意をくみ上げ、それを政策的に実現することを責務とするものではなかったか。

現に、政策がゆるぎなく首尾一貫している政党（例えば共産党）よりも、民意に応えて政策を二転三転させる政党の方をメディアは選好しているように私には見える。

食言しようが朝令暮改しようが、「スピーディに民意に応える政治家がよい政治家だ」というルールをメディアが採用しているなら、同じ基準を小沢一郎にも適用してよいのではないか。いや、それは違う。民意はしばしば誤る。だから、社会の木鐸であるところのメディアは、たとえ民意に反しても、有権者に苦言を呈し、ゆくべき道を指南する義務があるのだと言うなら、直近の支持率だの次の選挙の当落予想だのという生臭い話は自制して、大所高所から国家百年の計を論じるべきだろう。

　私はそうしろと言っているわけではない。今のままで結構だと申し上げているのである。

　デモクラシーというのは「民意におもねって誤った政策を掲げる政治家」を「民意に反しても正しい政策を掲げる政治家」よりも上位に置くシステムである。メディアもその覚悟をともにして頂きたいと申し上げているのである。

　民意に反しても正しい政策を実行しようとする統治者は異議反論を許さない上意下達システムを設計しようとする（そうしないと「正しい政策」が実施できないからだ）。だが、歴史が教えるのは、「正しい政策を実施するために採用された強権的・独善的な統治システム」がもたらす害毒は、ほとんどの場合「民意におもねって採用された愚策失政」がもたらす災厄を超えるということである。

　今の政局は「正しい政策」と「民意におもねる政策」が対立した場合に、どちらを選ぶべきかという重い問いを私たちに向けている。

　正解はない。

　だが、熟慮に値する問いである。


（２０１２年７月16日）

消費増税で始まる「自主的撤収」

消費増税法が成立した〔条件付きで2014年4月から8％、15年10月から10％に引き上げる〕。主要メディア各紙は増税によって財政規律が保たれ、国際的な信用が維持できたと満足げである。

だが、この不況下での増税が政府の思い通りの成果を生むだろうか。国民の絶対的貧困化が進むだけではないのか。低所得者ほど税負担が重くなる逆進性については、「ベーシックインカム」とか「軽減税率」とかぼそぼそ言われているが、さっぱり具体的にならない。

その一方で、企業は法人税率と人件費の引き下げを強く要求している。要求が満たされなければ、生産拠点の海外移転は止まらず、雇用は失われ、地域経済は崩壊し、国庫の法人税収は激減するだろうと脅す。

雇用環境が劣化し続けている中での増税である。それがどういう結果をもたらすのか。

それほど難しい想像ではない。消費行動は冷え込み、内需は縮小し、国内市場頼みの「小商い」はばたばた潰れるだろう。「貧困ビジネス」と生産拠点を海外に移したグローバル企業だけしか生き残れないだろう。

「選択と集中。国際競争力のないものはマーケットから退場する。それがフェアネスというものだ」と政官財もメディアも口を揃えている。なるほど、そうなのかもしれない。

だが、「淘汰された人々」はどこへ行くのだろう。たぶん彼らは「いくら安い賃金でもいいから使って下さい」と懇願する安価な労働力層を形成して、コスト削減に役立つものと期待されているのだろう。

だが、それより先に人々の「市場からの自主的撤収」が起きるのではないかと私は予測している。

賃金が下がり続け、商品価格に消費税が上乗せされれば、生活防衛のために、遠からず人々は「賃金ではない報酬」「商品というかたちを取らない財貨やサービス」を求め始めるだろう。

現に、情報や技能のようなモジュール化のむずかしいものから順に市場を介在させない「直接交換」での流通が始まっている。その「裏の経済」の規模は日々拡大している。

「労働を貨幣に換え、それで市場に並ぶ商品を買う」というプロセスがあまりに効率が悪く、喜びの少ないものになってきたからである。この趨勢に国政の「舵取り」たちはまだ気づいていない。

（2012年8月27日）

「維新」のつくられ方を見よ

国会議員7人が所属政党を離党して新党「日本維新の会」に合流した。TPP、脱原発はじめ参加議員のこれまでの政治的主張と「維新八策」との間にはかなりのずれがあるが、それは問題になっていない。これまでの主張は脇へ措いて、今ここで「踏み絵」を踏めば問題はないらしい。橋下代表は「根底の価値観の一致」を強調しているが、この場合の「根底」は「今ここでの」ということである。メディアはそれを、それがあたかも「常識」であるかのように報道しているが、私はそれとは違う考え方をする。

政党を組織するには二つの原理がある。

一つはその政党が将来的に実現しようとしている「来るべき社会」の制度設計につ

いての合意である。「こういう社会を作り出したい」という点で一致できれば、これまでの政治的立場や主張の異同は不問に付される。維新の会はそのような「未来志向」政党である。

だが、政治組織の成り立ち方はそれ一つではない。もう一つある。

組織の結成に参集した人たちが「今ここで」作り出した政治組織それ自体があるべき未来社会を先取りした、その「雛形」だという考え方である。

歴史をひもとけば知れることだが、「民主的な社会をめざしているが、今は非民主的な仕方で運営されている組織」や「社会的平等をめざしているが、今は成員間にきびしい格付けがなされている組織」や「非暴力的な社会をめざしているが、今はそれを実現するための暴力的手段を辞さない組織」が存在した。

そして、歴史が教えてくれたのは、結果的に彼らが実現したのは、「脳内に思い描かれた理想社会」ではなく、「今」の組織を量的に拡大したものだったということである。独裁的な政党は独裁的な社会を作り出し、暴力的な政党は暴力的な社会を作り出す。そういうものだ。

そこから私たちが学んだのは「あるべき未来社会についての政策上の一致点」はその政治組織がこれから実現するものについてほとんど何も教えてくれないということ

である。

それよりは「今」その政党がどう組織されているかを見る方がいい。それは彼らが創り出す「未来」についてはるかに多くのことを教えてくれるはずである。

（2012年9月24日）

「現在主義」の政治家たち

総選挙を前に多党乱立、合従連衡の混沌が広がっている。政党名も選挙公約も、人によっては所属政党も「日替わり」というめまぐるしさである。

原発、消費増税、TPPが争点らしいが、どの候補者がそれぞれどういう立場を取っているのか、いつ、なぜ「前の看板」をはずして「今の看板」につけ替えたのか、ほとんどの有権者はよくわかっていないだろう。先の政権交代以来、選挙公約を次々反古《ほご》にしてきた政治家たちの言葉の軽さが、有権者たちの政見をまじめに聴く意欲をそいでいるのである。

言葉が軽いのは「第三極」も変わらない。石原慎太郎前東京都知事が率いた太陽の党は結党４日で消滅した。たぶん日本政党史上の最短記録だろう。

仮にも国政に打って出る政党である以上は、それなりの綱領があり、規約があり、党組織があり、固有の政党文化がなければならぬはずである。それは「弊履《へいり》を棄《す》つる」ごとく捨てられるものだったのだろうか。

そもそもはじめから解党予定だったら違う進め方があったはずだし、予想外の展開だったのだとしたら、ずいぶん先の見通しの立たない人だと評するしかない。

太陽の党と、河村たかし名古屋市長の減税日本との合流もわずか一夜で覆された。翌日反古にしかねないような合意ならしない方がいい。してもいいが、せめて密約にとどめて記者会見はしない方がいい。そうふつうは考える。それが気にならないのは、「今日世間の耳目を集めれば、昨日のことを世間はすぐ忘れる」と彼らが思っているからである。

日本維新の会の政策も「維新八策」「公約素案」「骨太」と二転三転した。最後は橋下徹代表（当時）が「自分が言うことが党の方針だ」と言ってけりをつけた。前に口にした言葉との不整合は「今の私の言うことが一番正しい。前のことはもう忘れてくれ」で片付くらしい。

これらの事例から私たちが知れるのは、この政治家たちがどうやら「短期記憶の持ち主」だけを相手にして政治的行動をしているらしいということである。

現在がすべてである。過去のことはもう忘れた。未来のことは考えない。そういう「現在主義者」たちがこの国ではなぜか「現実主義者」と呼ばれている。

（2012年12月3日）

「事後にお仕置き」でいいのか

〔2012年の〕衆院選は自民党が294議席で地滑り的大勝を収めた。ただし自民党の比例区得票率は27・6％、2009年の政権交代選挙で歴史的大敗を喫したときの26・7％とほとんど変わらない。にもかかわらず獲得議席総数は150％増加した。

小選挙区制度のマジックである。05年の郵政選挙で自民党は296議席で圧勝、09年の政権交代選挙で民主党は308議席で圧勝した。振り子の振れが極端に大きいのがこの制度の特徴である。わずかな「風向き」の違いで、議席数が乱高下する。

多少のことでは議席構成が大きくは変化しない「惰性の強い代議制」と、極端から極端に走る「過敏な代議制」のどちらがより好ましいのか。私には決めがたい。とりあえず、しばらくは「選挙とはそういうものだ」という覚悟でこの制度に付き合うしかない。

自民党に投票した有権者の動機を訊くと、「自民党の政策を支持」はわずか７％で、「民主党政権に失望」が81％だった（朝日新聞社調べ）。

「敵失」で転がり込んできた勝利である。今回の圧勝は自民党の政策に対する国民的な信認のしるしではない。失政がいくつか続けば、民心はたちまち政権党から離れるだろう。過去二度はそうだった。

二度あることは三度ある。「政権党への失望」を主な判断材料にする投票行動が現代日本ではデフォルトと化している。事前に「期待を託す」ことより、事後に「失政を咎める」ことの方が間違いが少ない。有権者はそう考えている。それがいいのか悪いのか、これも私には判じ難い。

だが、改憲も原発も領土問題もＴＰＰも消費税も社会福祉も「ひとつ打つ手を間違えたら命取り」という喫緊の政策的岐路に新政権はいきなり直面する。「党是や党議に従っていればよい」というような硬直した問題ではない。

集められる限りの情報を集め、予測できる限りのリスクを予測し、考え得る限りの最適解を選び取らなければならない。「政策選択を間違えたら、事後にお仕置きをすればいい」と有権者は考えているようである。

だが「事後がある」という想定そのものに私は何となく日本人の危機意識の欠如を感じてしまうのである。

（2012年12月31日）

「安倍バブル」に踊らされるな

「アベノミクス」と呼ばれる一連の経済政策でメディアと株式市場がにぎわっている。

私は財政のことなんかぜんぜんわからないので、政策の適否については判断できない。政策の適否は判断できないが、「アベノミクス」の提灯をうれしげに振っている連中がどうも信用できそうもない、ということくらいはわかる。

週刊誌には「安倍バブル」の文字が躍り、今こそ皆さんのへそくりを投じてあぶく銭を稼ぐチャンスだ、買うならこの銘柄というような記事が連日誌面をにぎわしている。

「バブル」と自分で言うからには「いずれはじける」ということは織り込み済みとい

うことなのだろう。いずれはじけるにせよ、それまでしばらくにぎやかな賭場が立つ。その賭場に、なけなしの銭を抱えてふらふらと素人が迷い込んでくる。それを食い物にしようと、玄人が手ぐすねひいて待っている。そういう図柄が週刊誌の中吊り広告から透けて見える。

マネーゲームというのは要するに「いずれ紙くずになるものを高値で売り抜けた人間」が勝者で、「いずれ紙くずになるものを高値でつかまされた人間」が敗者になるゼロサムゲームである。

負けたやつの懐にあったものが勝ったやつの懐に移動するだけで、価値あるものは何も創り出さない。とはいえ、長い不況だ、一攫千金（百金くらいか）の夢に浮き足立つ素人が出てくるのは止められない。だが、なけなしの銭を乾坤一擲《けんこんいってき》の大勝負に張るような素人は裸に剝《む》かれて寒空に放り出されるだけである。

バクチは「負けしろ」の多い人間が確率的には必ず勝つ。それくらいのことは前のバブルのときに学習したはずだから、さすがにあのバブルの騒ぎの再来はないだろう。

あのときは日本人のほとんど全員が株と不動産の取引に熱中していた。マネーゲームで儲けることは「道に落ちている金を拾うくらいに簡単」なことだと本気で大人が口走っていた。

バカ言うもんじゃない。どこの世にお金が道に生えているものか。誰かの懐から転がり落ちたに決まっている。そして、他人の財布を拾ったつもりで、みんな最後には自分の財布の中身を道路にぶちまけて終わったのだった。

（2013年2月18日）

農業が「成長」した末の暗路

先日、政府は産業競争力会議（議長・安倍晋三首相）を開いて、農業強化策の検討に入った。首相は「農業を成長分野と位置づけて、産業として伸ばしたい」と語っている。

どうやったら農業が成長産業になって、輸出できるまでに国際競争力が高まるのか、私には見通しがよくわからない。

たぶんこの会議の人たちの脳裏にあるのは、企業の参入を推し進め、株式会社化して、農地を統合して、単一栽培にして、スプリンクラーで撒水して、農薬や殺虫剤を飛行機で散布して、コンバインで刈り取るという「アメリカ」型の大規模農業のプランなのだろう（もしかすると、室温も湿度もコンピュータで制御する全自動農業生産まで望見しているのかもしれない）。

いずれにせよ、「成長産業」となるための条件を満たすためには、当該事業の生産性を高め、高収益体質に改めなければならない。

政財界やマスメディアの言い分によると、日本の製造業に国際競争力がない原因は「高い人件費」と「高い電力コスト」と「煩瑣な公害規制」であるらしい。

だとすると、農業が成長産業になるためには、当然これらのハードルがクリアされなければならない。つまり、「成長産業としての農業」の存立条件は、

（1）「できるだけ人を雇用しない（雇用する場合は最低レベルの賃金で）」

（2）「原発をフル稼働して、電力料金を引き下げる」

（3）「環境保護コストは企業が負担せず外部化する（つまり、水質汚染や表土の流出や塩害などがもたらすかもしれない環境被害は製造コストに算入しないで、将来世代に『ツケ回し』する）」

というあたりに落ち着くはずである。

「生産性が高いビジネス」というのは、要するに、「できるだけ人を雇用しない業態」のことである。だから、「成長産業としての農業」が産業競争力会議の思惑通りに成功するとき、従来の労働集約型の農家は市場からおおかた駆逐されてしまってい

るだろう。

だがそのとき、離農者たちのために、農業株式会社に最低レベルの賃金で従業員として採用する以外のどのような未来を、産業競争力会議は用意するつもりなのだろうか。

（２０１３年3月4日）

「ノー・スタンダード」の怪

ＴＰＰ参加表明をした安倍内閣の支持率が70％に達した。不思議な話である。

自民党はさきの衆院選では「ＴＰＰ反対」を公約に掲げて大勝したはずである。当選議員２９５名のうち「ＴＰＰ反対」を公言したものは２０５名にのぼる。

その公約に同意して票を投じた人々のうちの相当数が3カ月後には公約違反にもひとしく同意を与えた。いったい、この人たち（それはどうやら国民の過半数に達しそうである）は何を考えているのだろう。

同時代の支配的な世論に違和感を覚えることは私の場合珍しいことではないけれど、

今回のような「同時代の支配的な世論が短期間に逆方向に振れた」という事態を前にしての違和感はそれとは質の違うものだ。

私が違和感を覚えるのは、ある政策の「コンテンツ」に対してではなく、政治的意見を短期間のうちに確たる理由もないままに逆転させて怪しまない「マナー」に対してだからである。

ＴＰＰのメリット、デメリットについてはこれまでの議論の過程でほぼ網羅的なリストが提示されていた。今ここにきて有権者の判断を覆すような「新証拠」が提出されたわけではない。

だから、この判断の変換は「気分の効果」と判ぜざるを得ない。なんとなく先行き不安を感じていたので反対してみたが、なんとなく先行きの心配をしなくてもよさそうな気がしてきたので賛成に転じた、と。そういうことではないかと思う。

自分が一度賛否を明らかにした政治的意見を舌の根も乾かぬうちに反転させることをむしろ「よいこと」だと言い募ることがどうやらわが国の流行のようである。

鳩山首相が普天間基地についての発言を二転三転させたとき、メディアは口を揃えて「食言」を激しくなじった。

だが、大阪市長が原発反対から再稼働に転じたときも、自民党がＴＰＰについての賛否を逆転させたときも、メディアはそれを「朝令暮改」とは言わず、むしろ状況の変化に適切に対応した臨機応変の英断だとこれを賞賛した。

このようなメディアの態度を「ダブル・スタンダード」と呼ぶのは不適切だろう。むしろ「ノー・スタンダード」と呼ぶべきだと私は思う。

（2013年4月1日）

民の安寧は至高の法たるべし

安倍総理が民主党議員に国会質問で人権についての条文名を問われて答えられず、議員から「総理は日本国憲法において、包括的な人権保障を定めた条文が何条か知らないという理解でよろしいですか」と畳み込まれたという出来事があった。改憲派の領袖がその「宿敵」たる包括的人権保障を定めた条文のことを忘れていることがあるとは思えないが、人は「そんなものがなければいいのに」とあまりに強く念じていると、いつしかそれが存在すること自体あいまいになることがある。

あるいは総理にとっての日本国憲法はもはやそういう不確かなものに化しているのかもしれない。

ちなみに憲法13条はこんな条文である。

「すべて国民は、個人として尊重される。生命、自由及び幸福追求に対する国民の権利については、公共の福祉に反しない限り、立法その他の国政の上で、最大の尊重を必要とする」

対する自民党の憲法改正草案はこうだ。

「全て国民は、人として尊重される。生命、自由及び幸福追求に対する国民の権利については、公益及び公の秩序に反しない限り、立法その他の国政の上で、最大限に尊重されなければならない」

大きな変化は改正案では「公共の福祉」が「公益及び公の秩序」とされていることである。

「公共の福祉」は基本的人権を停止できる唯一の法的根拠である。それが何を意味するのかは久しく憲法学上の議論の的であったが、いまだ一義的な定義に達していない。自民党案はこれに「公益及び公の秩序」という限定的で一意的な解釈を与えたのである。

「公共の福祉」の用例は遠くキケロの法諺《ほうげん》に遡る。

「民の安寧（salus populi）は至高の法たるべし」

これに違背することは法治国家では許容されない。だが「民の安寧」と「公益及び公の秩序」は語義が違う。

ラテン語 salus には「健康、幸い、安寧、無事、生存」の意味があるからである。

「公益と公の秩序」の保持は「民の安寧」の要件の一部ではあるだろうが、全部ではない。そして、公益と公の秩序を守るために民の幸福と生存を犠牲にすることをためらわなかった統治者は歴史上無数にいたし、今もいる。

（2013年4月15日）

公人としての適性

〔2013年の〕都議選が終わった。低投票率のせいで組織票を持つところが勝つと予測されていたが、予想通りの結果になった。

気になるのは都議会第1党であった民主党の負けぶりである。これは民主党議員たちが在任中に、党活動を支える地方組織を作り上げることに失敗したことを意味している。

地方議員の仕事というのは国政とは違い、もっと具体的で生活に近いもののはずである。在任中に選挙区で地道な議員活動を行い、市民の日々の要望を汲み上げて行政に反映させたり、地域の活動を支援するとかいう地に足の着いた仕事をきちんと果たしていれば、「こういう人には議員を続けていてほしい」と願う人たちが一定数は確保できたはずである。それができていれば、これほどの負け方はしなかったはずである。

選挙というのは「風」でするものではない。「はやりの政党」についての人気投票でもない。「公人としての適性」を備えた人を市民代表として議会に送り出すことである。そして、公人としての適性というのは、2年や3年で評価が一変するはずのないものである。

公人としての適性とは何か。この何年か、メディアは「スピード感」とか「決断力」とか「突破力」とかいう資質を政治家に必須のものであるかのように言い募ってきた。だが、そのようなものは政治家が選択する政策の適否とは何の関係もない。

公人としての適性は「自分の反対者を含めて集団を代表する」覚悟に尽くされる。自余のことは副次的なものに過ぎない。

自分の支持者、賛同者しか代表できない人間はどれほど巨大な組織を率いていても「権力をもつ私人」以上のものではない。私は「私人」には統治の場に立ってほしくない。

自由民主主義という語をオルテガは「敵とともに生きる、反対者とともに統治する」ことと定義した。「人間という種族が、これほど美しい、これほど逆説的な、これほど優雅な、これほど軽業に似た、これほど反自然的なことを思いついたとは、信じがたいことだ」とオルテガは書いた。その通りだと思う。

だが、これ以外に私たちが求めるべきどのような政治的理想があるというのか。

（2013年7月8日）

熟慮と沈思

参院選は、自民圧勝が予測されている。それについて、衆参の「ねじれ」が解消されるのは喜ばしいことだと言う人が多い。だが、衆参両院において政権与党がつねに過半数を占めるというのは、それほどよいことなのだろうか。

1947年の第1回参議院選挙において第1党となったのは47議席をとった日本社会党である。以下、日本自由党39議席、民主党29議席。だが、最大勢力は108人を数えた無所属議員たちである。彼らが結成した院内会派が緑風会である。

第1回国会で緑風会は92名を擁する最大会派となった。左右に偏しない政治的中立と「沈思」を掲げた緑風会の存在が戦後の参院を特徴づけたことはご案内の通りである。

衆院と参院が政党比率をまったく異にするという「ねじれ」を常態として参院は出発したのである。それが半世紀を経て衆院と同じように政党化した。緑風会も65年に消滅した。この推移にはそれなりの歴史的理由があったのだろうが、政党化によって参院はその独自性を失い、ついには「参院不要論」が口にされるまでになった。

「ねじれ」解消論は実質的には参院不要論である。参議院が「直近の民意を代表している」衆議院の議決に異を挟むべきではないという考え方に理ありとするなら、参議院はもとより不要のものである。

しかし、参議院はもともと1回の選挙で「風」に乗って多数派を占めた政治勢力によって国家の根幹にかかわる諸制度が一挙に変革されることを防ぐことを目的として設計されたものである。1回の選挙で多数を制した政党が次々と法案を通して「暴走」することを制御するために参議院がある。

参議院の機能はひとことにして尽くせば迅速な政策実現を犠牲にしても惰性を維持

することにある。現状を急激に変えることを予防することにある。「ブレーキ」をつかまえて「減速させる装置とはけしからん」と文句をつけるのは話の筋目が違う。「ねじれ」解消論は一院制の本質を見ていない論だと私は思う。今の日本政治に必要なのはスピードや決断ではない。熟慮と沈思である。

（2013年7月22日）

暗鬱な予言

参院選で有権者は「効率的にトップダウンで政策決定ができるシステム」を選好し、「多様な政治的意見を調整し、妥協点を探るシステム」を嫌った。これが私の今回の総括である。自民党、共産党、公明党はいずれも「一枚岩」を誇る点で共通していた。惨敗した民主党、不振の日本維新の会、みんなの党についてメディアはその理由を当然のように党内不一致に求めた。

だが、これはかなりバイアスのかかった評価だと言わねばならない。いったいいつから民主的に組織・運営されているはずの政党内での意見の食い違いや対立が「あってはならぬもの」とみなされるようになったのか。

55年体制における自民党の長期政権を駆動した活力が激烈な党内抗争に由来したことは政治史上の常識である。

田中派と福田派の血で血を洗う「角福戦争」は１９７０年から１９８５年まで15年間続いた。だが、この時期の自民党について「党内不一致」を理由に支持することをやめたと言う人に私は会ったことがない。

ハト派からタカ派まで、都市エリートから農民まで、利害のまったく異なる社会階層を支持層に抱え込んでいた非均質性（というより没綱領性）こそ国民政党としての自民党の磐石《ばんじゃく》の土台であったのではないのか。

だが、今そのような政党は存在しないし、存在してはならないとされている。つまり、この約30年のどこかで、党内での抗争や対立が組織に活力を与えることをやめて、トップダウンで事が決まり、異論が封殺される組織の方が政党として「出来が良い」という判断への切り替えがあったということである。

それは民主党政権末期に、メディアが事あるごとに「意見の違う人間は出て行って別の政党を作るべきだ」と党の分裂と綱領的純化を促していたこととも軌を一にする。

かつてある哲学者がこのような心的傾向を「純粋さへの意志」と呼んだことがある。

「共同体間の混淆《こんこう》、混血、共生を伝えるすべてのものを抹消すること」へのひたむきな情熱、それが「われわれが入ろうとしている時代の定数、そしてたぶん掟」となるだろうという暗鬱な予言を語った。

私は彼の予言がこれ以上現実化しないことを望む。

(2013年8月5日)

自然科学誌が論難する真意

英国の総合学術雑誌『ネイチャー』が(2013年)9月5日の号で「核エラー」と題して、福島原発事故処理問題を扱った論説を掲載した。そこでは日本政府と東京電力の原発事故処理の不適切さについてかなりきびしい言葉が連ねられている。自然科学のジャーナルが一国の政府と一民間企業の不行跡《ふぎょうせき》を取り上げて論難するというのはきわめて例外的なことである。

汚染水タンクからの漏水が東電の「無責任とは言わぬまでも不注意な」監視システムによって看過されたこと、当初「単なる異常」と軽視された漏水が実は事故以後最大規模の「真性の危機」であったこと、リスクを常に過小評価し、情報を小出しにしてきたことに論説は怒りを隠さない。

日本政府も東電も、科学者としての立場からは当然しなければならないことをネグレクトしてきた。汚染水が太平洋に滲出し、世界的な環境問題に波及することを国際社会は真剣に恐れている。だからこそ、世界中の研究者に支援を求め、その専門的助言に基づいて国力を挙げて対策を取るべきだと提言しているのである。そんなときに、なぜかこの国の人々は五輪招致とそれがもたらす経済効果に浮かれている。

招致委理事長はブエノスアイレスでの記者会見で原発問題にメディアからの質問が集中したことに苛立ったのか「東京と福島は250キロ離れていて、安全性に問題はない」と述べた。世界が「福島の事故はもはや『対岸の火事』ではない」と危機感を募らせているときに、日本人がみずから「福島の事故は『対岸の火事』だ」と言い放ったのである。

安倍首相は「汚染水の影響は原発の港湾内で完全にブロックされている」「健康問題については今までも現在も将来も全く問題ない」と断言した。

「日本は国際的な専門家に支援のための助言を求めるべきときを迎えている。研究と除染のための国際的連携は、モニタリングと危機管理の有用性と有効性について粉々に打ち砕かれた公的信頼を回復するための一助となるであろう」と論説は書いている。

「粉々に打ち砕かれた公的信頼」をどうやって回復するつもりなのか、その方位を示す人がどこにもいない。（2013年9月23日）

「直訴」と天皇陛下の政治的見識

山本太郎参院議員が園遊会で天皇陛下に「直訴」した件（福島原発事故による子供の被曝や作業員の労働環境などについて書いたという手紙を渡した）では議員の非礼を咎める声のある一方で、「天皇の政治利用という点では、自民党に他人を批判する資格はない」という反論もある。

どちらの言い分もそれぞれもっともだが、私は「誰も言っていないこと」に興味がある。

それは天皇陛下に直訴をなしたのが1901年の田中正造以来だったという「例外性」をメディアが強調したことである。それは何を意味するのか。

実際には9年前（2004年）の園遊会でも米長邦雄東京都教育委員が「日本中の学校で国旗を掲げ、国歌を斉唱させることが私の仕事でございます」という私見について陛下に同意を求めるという「直訴」行為があった。

このとき陛下は「やはり、強制になるということではないことが望ましいですね」と回答された。このときの陛下の抑制の利いた対応は結果的に陛下の政治的センスの高さを裏書きすることになった。今年〔２０１３年〕４月の「主権回復の日」での式典退席時の「天皇陛下万歳三唱」に対して陛下が向けた当惑の表情にも陛下の節度を感じた国民は少なくなかった。

皮肉なことではあるけれど、誰かが天皇を政治利用しようとする度に陛下はそれに対して距離感を表し、その事実が結果的に陛下の政治感覚の鋭敏さを証し、その政治的見識への国民的信頼を高めることになっている。

あらゆる機会を政治的に利用して自己利益を増大させ、おのれの意思を実現しようとじたばたしている「公人」たちの中にあって、ただひとり、いかなる党派的立場にも偏することなく、三権の長にさえ望むべくもない「公平無私」を体現している人がいる。

その事実が天皇陛下の「語られざる政治的見識」への信頼性を基礎づけている。天皇陛下の政治的判断力への国民的な信頼がここまで高まったことは戦後はじめてのことである。

今国民の多くは天皇の「国政についての個人的意見」を知りたがっており、できることならそれが実現されることを願っている。それは自己利益よりも「国民の安寧」を優先的に配慮している「公人」が他に見当たらないからである。私たちはその事実をもっと厳粛に受け止めるべきだろう。

（2013年11月18日）

秘密法、いったい誰が何のために

特定秘密保護法案が衆院通過する見通しである。

世論調査では8割近い国民が慎重な審議を求めている法案がなぜこれほど急いで採決されるのか、私にはまったく理由がわからない。これは「民主制の危機」と言わなければならない。

民主的に選出された議員たちが民主制の廃止に同意署名することは、歴史上は珍しいことではない。

ナチスに第一党を与え、独裁への道を拓いたのはドイツの有権者たちだった。ペタン元帥に全権を委任し、共和制の死を宣言したのもフランス第三共和政の国民議会であった。今回の法案もたぶんそれらの先例に準じる「民主制の自殺」の企てとして政治史に記録されることになるだろう。

この法律は運用によっては強権的、抑圧的な政権運営を可能にする。運用者には高い政治的見識と倫理性が求められるが、ある世論調査では「この法律が出来たら政府は都合の悪い情報を隠すおそれがあると思うかどうか」という質問に「思う」と回答したものが85％を占めた（自民党支持層でさえ78％が「思う」と答えた）。

いったい「誰が」あるいは「何が」このような危険な法律の制定を急がせているのか。

米国の「ジャパン・ハンドラー」たちが安全保障に関する情報の他国への漏洩を懸念しているというのは事実であろう。

だが、ウィキリークスやスノーデン事件が明らかにしているように、アメリカ政府自身の情報管理能力も決して他国の範となるほどの質のものではない。

第一、同盟国の首脳の電話を盗聴している当の国が他国に向かって情報管理の不備を咎めるというのは話の筋目が通るまい。日本の首相の電話は盗聴していないそうであるが、それは当たり前で「盗聴していた」と言ってしまえば、この法案そのものが「米国からの情報の漏洩を米国から守る」という誰が見ても背理的なものになってしまう。

「ニューヨーク・タイムズ」は先日、「日本の恥ずべき秘密保護法」と題した社説を掲げて、この法案の反民主的性格をきびしく論難した。米の国内世論にもこの法案を支持する徴候は見出しがたい。

繰り返すが、いったい誰が何のために、この法案の制定を望んでいるのか。

（2013年12月2日）

デモクラシーを裏切った代償

特定秘密保護法案はこの文章が誌面に出る頃には参院で可決成立していることだろう。でも、あえてそれについて書く。

衆院強行採決の後に教育学者の佐藤学先生らが呼びかけた「法案に反対する学者の会」に私も参加した。通常、こういう反対運動は国会審議の前に始まり、国会通過によって一気にしぼんでしまうものである。二次にわたる安保闘争がそうだった。でも、今回はそうなっていない。

強行採決に対する市民の憤りがあまりに強かったために、廃案の可能性がどれほど少なかろうと、今ここで「反対」の声をあげぬまま見過ごすことはできないと市民たちは感じている。

私は自分のSNSで、大学教員の知り合いたちを念頭にしてアピールへの参加を求めた。書いて数分後に最初の賛同のリプライがあった。その人の名を佐藤先生に送って「リストに付け加えてください」と書いた。

送信したあとすぐにもう一人からメールが来た。「さみだれ式ですみません」とまた送信した。そのあとはもう収拾がつかなくなった。

深夜、私はひとりディスプレーの前で次々と届く賛同者たちの名前と職名と専門をひたすら入力し続けた。その夜、私のところだけで200人を超す人々から賛同のメールが届いた。〔2013年〕11月28日の最初の記者会見では賛同者が304名になり、5日後には2500名に増えた。

「学者の会」に続いて、「表現人の会」「映画人の会」なども次々と法案への反対アピールを発している。これらの運動が強行採決後を射程に活動を開始したことを私は重く見る。

「リアリスト」なら「決まったことについて、いまさら蒸し返しても無意味だ」と言い放つだろう。でも、私は意味があると思う。

有権者は議員たちに全権を委託したわけではない。公約にも掲げていない、政体の根幹にかかわる法律をわずかな審議時間で強行採決するような権限を負託した覚えはない。そのことははっきり告げなければならない。

法案に賛成した議員には二度と議席を与えない。賛成した政党には二度と投票しない。デモクラシーを裏切った代償は選挙を通じて支払うべきだと私は思う。それ以外にデモクラシーが生き延びる道はない。

（2013年12月16日）

「費用対効果のよい戦争」とは

国家安全保障会議関連法、特定秘密保護法、共謀罪と続く一連の動きは安倍政権が本気で「戦争」を意識していることを表している。日本国民が「本気で戦争を始める気でいる政府」を戴いたのは戦後はじめてのことである。

この2カ月で法制上は「いつでも戦争を始められる」条件が整った。私たちは気づかぬうちにすでに歴史的に決定的な転換点を越えてしまった。

もし尖閣諸島近辺で偶発的に起きた軍事衝突が「領海侵入・不法上陸事案」に認定されて、内閣総理大臣が「迅速・適切な」軍事行動を指示して、戦闘行為が始まったとき、憲法９条「武力による威嚇または武力の行使は、国際紛争を解決する手段としては、永久にこれを放棄する」は事実上廃棄される。政策決定過程でどのような情報が上がり、どのような議論がなされ、何が決定されたのかについて国民は何も知らされない。

そこでの議論は「国の安全保障にかかわる特定秘密」だからである。私たちにはただ「東シナ海で某重大事案が発生し、政府はそれに迅速・適切な対応をした」という「大本営発表」をうつろな目をして聞くことしか、もうできなくなる。

10月の自衛隊観閲式で安倍首相は「『防衛力はその存在だけで抑止力になる』という従来の発想は捨て去ってもらわないといけない」と語った。

核抑止力は「相互確証破壊」の上に成立している。使えばどちらも滅びることが確実だから相互に抑止的に機能するという合意が核戦略を「正当化」してきた。

首相が想定するのは、相互を確実に破壊することのない程度の戦争である。完全に「アンダーコントロール」にある戦争、非戦闘員も死なず、都市も破壊されず、好戦的・翼賛的な世論でメディアがにぎわい、国際社会に威信だけを誇示できる「計画的で費用対効果のよい戦争」、そのようなものが可能だと首相はたぶん本気で信じているのだろう。

そうでなければ「使える抑止力」という発想は出てこない。

日本国民は2度の国政選挙で「民主党にお灸を据える」とか「決められる政治」とか「ねじれ解消」とかいう日常語で政治を論じているうちに、非日常的な状況に踏み入ってしまった。

（2013年12月30日）

名護市長選で露呈した人間観

米海兵隊の普天間飛行場移設計画への賛否が争点となった沖縄県名護市長選で移設反対の稲嶺進氏が勝った。県知事の埋め立て申請承認に沖縄県民は強い違和感を抱いているという報道がされていたが、市長選の結果はそれを裏書きした。

興味深かったのは、市長選では自民党と官邸が沖縄有権者の獲得のためにほとんど「金の話」しかしなかったことである。

石破茂幹事長は選挙期間中に500億円規模の「名護振興基金」構想を発表したが、

稲嶺氏の再選を受けて、ただちに見直しを表明した。自党の推す候補を当選させれば金をやるが、反対派候補を当選させるなら金はやらぬ、と。政権のこれほど露骨な選挙干渉は異例のことだろう。

でも、選挙はとりあえず一つのことをあきらかにした。それは幹事長以下の与党政治家たちが「人間は金で動く」という人間観をあまりに深く内面化してしまったために、「金以外の理由で動く人」に対してはなすすべがなくなってしまったことである。「金の問題じゃない」と言う人々に向かって「じゃあ、金はやらない」と告げた幹事長は、「金の全能」に対する彼自身の信憑を露呈しただけである。もうこの後は反対派を「テロリスト」と名づけて排除する方法しか残されていない。

さらに札束で頬を叩いたせいで、基地移転の合理的論拠を結局誰も公言できないということも明らかになった。

そもそも今沖縄に基地があることには地政学的な理由がない。

北海道に米軍基地がなく、沖縄に集中しているのは「対ソ戦」を想定していたからである。ソ連軍が北海道に侵入してきて、南下しつつ列島の防衛拠点をすべて破壊しても、米軍主力のいる沖縄だけは無傷で残る。そのための布陣である。

だから、ソ連が米の仮想敵国でなくなった今、米軍が沖縄になければならない必然性はない。

「朝鮮半島有事の備え」という人がいるが、それならなぜ在韓米軍が縮小され、全軍撤退計画まで語られているのか、その理由を先にあきらかにする必要があるだろう。北朝鮮軍が韓国全土を制圧したときにも沖縄米軍だけは無傷で残したいからというなら、正直にそう言えばいい。

（２０１４年2月3日）

ビットコインが映す虚妄

畏友のイスラーム学者中田考《なかたこう》先生は「金貨の伝道師」を任じている。資産はすべからく金貨に換えるべしと説かれている。このご時世になぜ金貨を？　と疑問に思ってお訊ねしたところ、「邪魔になるから」という思いがけないお答えを頂いた。

ふつう「カネはいくらあっても邪魔にならない」と言われる。テレビドラマでワルモノはたいていそう言いながら買収相手の懐に札束をねじこむ。金貨ではそれができない。重いからである。

もしものときに全財産を懐にねじ込んで身ひとつで逃げようとするときでも、金なら10キロ（約4500万円）が上限だ。それでも走っているうちに腰にこたえてうらめしくなるだろう。そのあたりが人間に所有できる財産の上限である。それを実感的に表象できるのが金の手柄であると聞いて深く納得した。

身の程を超えて資産を持てば邪魔になる。それなら「喜捨」すればよろしい。それが嫌だという人は瓶に詰めて土に埋めておけばよい。いずれにせよ、人間の生身での制御の限度を超えた金は他人に与える以外に使い道がない。富の偏在はこれで解消できる。

バカな話だとせせら笑う人がいるだろう。でも、その対極にあるものを考えると笑ってもいられまい。ビットコインのことである。

新聞の解説記事を読んでも私にはその仕組みがよく理解できなかった（記事を書いている記者も十分に理解していたとは言いがたいが）。

とりあえずそれを売り買いしている人の相当数もまた「自分が何を売り買いしているのかよくわかっていない」ことはわかった。

安値で買って高値で売り抜けるのが投機の基本だが、このシステムでは高値になると売りが殺到するので価格は暴落する。あわてて儲けようとする者は損をする。だから、事情通によると、もっとも賢いビットコインの利用法は「買ったことを忘れる」

ことなのだそうである。なるほど。

たしかに、そうしておけばマウント・ゴックスの顧客たちも心穏やかでいられたはずである。この貨幣形態もまた最終的に人々を余剰財産の「喜捨」に導くのであれば、貨幣の人間的本質に触れていたというべきであろうか。

（2014年3月17日）

踏みにじられた「憲法遵守義務」

ある団体から憲法記念日の講演依頼があった。護憲の立場から安倍政権の進めている改憲運動を論じてほしいという要請だった。

お引き受けしたら、過去に2度集会を後援してくれた神戸市と神戸市教育委員会に後援依頼をしたところ、今回に限って後援を断られたという連絡があった。後援拒否の理由は「昨今の社会情勢を鑑み、『改憲』『護憲』の政治的主張があり、憲法集会そのものが政治的中立性を損なう可能性がある」ということだそうである。

行政のこの発言は「公務員の憲法遵守義務」が事実上否定されたという点において憲政史上大きな意味をもっていると私は考える。

市長も教育委員も特別職地方公務員である。憲法99条は公務員が「この憲法を尊重し擁護する義務を負う」と定めている。30年前私が東京都の公務員に採用されたときにも「憲法と法律を遵守します」という誓約書に署名捺印した。当然、神戸市長も教育委員たちもその誓約をなしたうえで辞令の交付を受けたはずである。

にもかかわらず、彼らは彼ら自身の義務であり、かつ公的に誓約したはずの「憲法を尊重し擁護する義務」を「政治的中立性を損なう」ふるまいだと判定した。

総理大臣が改憲派である以上、護憲論は「反政府的」な理説である。お上に楯突く行為を行政が後援すれば政府から「お叱り」を受けるのではないか。そう忖度した役人が市役所内にいたのだろう。

立憲主義の政体においては、憲法は統治権力の正統性の唯一の法的根拠であり、いかなる公的行為も憲法に違背することは許されない。しかし、神戸市は「時の権力者が憲法に対して持つ私見」に基づいて、公務員の憲法遵守義務は解除され得るという前例を残した。

私人としての彼らがどのような憲法観を抱いているか、それは彼らの思想信条の自由に属する。しかし、ひとたび公人としてふるまう場合は「憲法を尊重し擁護する義務」を免ぜられることはない。

憲法は私人から見れば一個の法的擬制に過ぎないが、公務員にとってはその職務の根本規範である。私人と公人の区別がわからない人が公務を執行する国を果たして「法治国家」と呼んでよいのか。

（2014年3月31日）

ルール変更と「事大主義者」

前項で、神戸市と教育委員会が「護憲」講演会への後援を「政治的中立性を損なうおそれがある」という理由で拒んだということを書いた。

今度は高知の話。毎年憲法記念日にあわせて路面電車に「守ろう9条」などの護憲メッセージを掲載してきた市民団体の要望が今年は電鉄会社に拒絶された。数名の市民から「意見広告ではないか」という抗議が寄せられたためだという。

電鉄側は「世論が変われば意見広告ととられることもあり、政治的な問題になってしまったので運行は中止する」と説明している。

「憲法を尊重し擁護しよう」という主張は「私見」に過ぎず、公の場で公言すべきことではないという考え方が近年、支配的になってきている。

つまり、憲法98条「この憲法は国の最高法規であって、その条規に反する法律、命令、詔勅及び国務に関するその他の行為の全部または一部はその効力を有しない」が事実上「空文」化したということである。憲法擁護の立場には政治的中立性を認められないと断言する人たちの中で、憲法はもう最高法規の地位を失っている。だから、憲法99条で「この憲法を尊重し擁護する義務を負う」とされた公務員たちも「世論が変わった」と判断すれば、憲法遵守義務を免ぜられるようになった。

このルール変更は一言でいえば「そのときどきの強者の言い分に従う」事大主義者が、わが国の多数派を形成しつつあるということである。世論の方が最高法規よりも上位に来るべきだと考えている人たちは、「法治」を棄てて「人治」を選んでいるのである。

「いや違う。憲法の適否についての判断は本質的に政治的私見に過ぎないという一般論を私は述べているのである」と反論される方もおられるだろう。なるほど。幸い、その方にはご自身の政治的中立性を証明するチャンスがある。

自民党主導でめでたく改憲が実現した後、政府主催の祝典が開かれたときに「『護憲』『改憲』についてはさまざまな意見があり、公費を支出して護憲の行事を行うのは政治的中立性を損なうおそれがある」として中止を求めてくださればよいのである。

話はそれからだ。

（2014年4月28日）

「廃憲派」を名乗るのが筋では

憲法記念日に自民党の船田元・憲法改正推進本部長は「9条改正には時間がかかる。危機的状況を考えると解釈拡大で認めざるを得ない」と述べた。ただし、明文改憲の方向はあくまで維持する。「姑息かもしれないが、理解が得やすい環境権などを書き加えることを1発目の国民投票とし、改正に慣れてもらってから9条に手を着けたい」。正直な発言である。

解釈改憲で行けるところまで行き、それで無理なら明文改憲という政治家の脳裏では、憲法理念の実現より彼の属する政党の政策実現の方が上位に置かれている。ここまで徹底的に憲法を軽んじることのできる政治家たちが重々しい顔つきで憲法について語っている様子を見ると、私は強い違和感を覚えずにはいられない。

安倍総理大臣は憲法99条に「公務員の憲法尊重擁護義務」が規定してあるにもかかわらず、憲法の不備と出自のいかがわしさを言い立て、憲法の実質空洞化を押し進めている。ところが彼の党の改憲草案は１０２条で「全て国民は、この憲法を尊重しなければならない」と全国民に憲法遵守義務適用を拡大している。

この憲法観の齟齬《そご》が私には気になる。というのは、首尾よく改憲が成功した後、首相は国民たちが新憲法に対して彼がしたようにふるまうことをどういうロジックに基づき禁止する気なのかがわからないからだ。

「私は公務員の憲法尊重擁護義務を履行しなかったが、諸君は私の定めた憲法を尊重し擁護しなければならない」という要求を通すためには、「憲法はその時々の政府の都合で守らせたり、破らせたりできる一個の政治的道具に過ぎない」という、彼自身の「本音」を語る以外にない。私はそういうリアリズムも「あり」だと思う。

ただ、そう思っているなら、頭の中身に合わせて、政党の綱領も替えたらどうか、というご提案をしたいのである。

「廃憲」でよいではないか。枢要な事案は閣議決定して遅疑なく実施し、立法府での審議には時間をかけない。憲法条文は内閣の都合でそのつど好きに解釈する。それを統治の理想とする人々はもはや「改憲派」とは呼ばれまい。「廃憲派」を名乗るのが事の筋目だろう。


（２０１４年５月19日）

カジノで「成長戦略」？

カジノ解禁の動きが急である。

カジノ解禁をめざす議員連盟の最高顧問である安倍首相はカジノを経済成長戦略の一つと見立てているようである。

民間にカジノを中心とする統合型リゾート施設（ＩＲ）を運営させ、その売り上げの一部を国や自治体に納付させるというカジノ構想は、博徒に寺社の境内で賭場を開かせ、場所代を「寺銭《てらせん》」として召し上げた江戸時代の仕組みのままだが、推進派がモデルにしているのはシンガポールの実績である。

２０１０年に二つの巨大なＩＲをオープンしたシンガポールの12年のカジノ年間売り上げは57億米ドル、ラスベガスの同61億ドルに肉薄している。

だが、これは煎じ詰めれば「ギャンブル依存症患者に依存するビジネス」である。やめたくてもやめられない病的賭博は病的放火、病的窃盗と同型の重篤な精神疾患である。合併症には過量飲酒、暴力、不倫、買い物依存、万引き、放浪、リストカットなどの嗜癖行動が数えられる。

賭博の資金調達のために消費者金融から多額の債務を抱えて行き詰まっているケースも多い。米国や韓国では、カジノのせいで増加したギャンブル依存症患者の治療と対策のためのコストがすでにカジノによる税収増分を上回っている。どこが「成長戦略」なのかわからない。

厚生労働省の調べでは、日本のギャンブル依存症は成人男性の９・６％。これは欧米の１～２％を大きく上回っている。日本でのカジノ解禁後に、依存症患者数が10％を超えた場合、その社会的コストをどう手当てする気なのか。推進派には説明責任があるだろうが、誰も何も言ってくれない。「仮定の話には答えられない」ということなのだろう。

カジノ解禁というのは、自分の未来も家族の未来も捨て値で売り払っても賭博をやめられない病的賭博者たちを、経済成長の推力にしようという発想である。

依存症患者が増えるほど「寺銭」は増える。ならば、主催者である国と自治体が、ギャンブル依存症患者の増加をいつしか神仏に祈願するようになるだろう。

個人がどれほど不幸になっても、経済が成長するならいいじゃないかという倒錯から、日本人はいつ目覚めるのか。

（２０１４年６月16日）

首相の「欺瞞的な構文」

２０１４年7月1日は、日本が戦後69年間掲げてきた平和主義を捨てて、戦争への道を歩み始めた歴史的日付として記憶されることになるだろう。

首相は閣議後の記者会見で「海外派兵は一般に許されないとの原則は全く変わらない。日本が戦争に巻き込まれる恐れは一層なくなる」と述べた。一国の統治者が国策の根本にかかわる重大な政治的決定について説明するときにまだ「言い逃れ」をすることに私は深い絶望を感じる。「一般に」とは何のことなのか。

戦争というのはそれ以外に国土国民を守る手立てのないときに採択される非常の手段である。「海外派兵が一般に許される」事態、つまり特段の理由もなく他国を攻撃する事態などというものは存在しない。海外派兵はつねにそれを合理化する「特別」の理由を持つ。首相は「理由さえ付けられれば海外派兵する」ということを「理由のない海外派兵はありえない」と言い換えてみせただけである。

後段も欺瞞的である点では変わらない。

「日本が戦争に巻き込まれる恐れは一層なくなる」とはどういうことなのか。

これまで集団的自衛権の行使を禁止してきたことで日本はどのように戦争に巻き込まれてきたのか。

集団的自衛権を行使しなかったせいで国民が死傷し、国土を奪われ、国富を失ったどのような事例が存在するのか。

あれば、それを示してほしい。その上で、そのときに集団的自衛権が行使されれば、これらの損害は防げたことを、仮定法過去完了の構文において語ってほしい。

その条件が満たされてはじめて「一層」という副詞は意味を持つことになる。比較の対象を示さないままの「一層」は空語である。

一国の首相が国是の大転換に際して欺瞞的な構文でしか語れないことに私は日本の政治の深い闇を見る。

首相がこのような言葉遣いしかできない理由は二つしかない。知性があまりに不調なせいで論理的であることができないのか、国民にもわかるように政策決定の理由を告げると支持率が低下することを知っているか、いずれかである。

いずれにしてもこのような総理大臣を持ったことは、日本国民の歴史的不幸だったと言う他ない。

（2014年7月14日）

第6講

大市民のための時代論

アスリートの本当の「強さ」

北京五輪の直前合宿を日本で行うヨーロッパの選手団が多いらしい。北京の大気や水質に不安があるのだ。日本ならほとんど時差がなく、空気も水も大丈夫だし、施設も食事もクオリティーが高い。だが、空気や食事が変わったからといって本領が発揮できないアスリートというのは、果たして「強い」のだろうか。

アスリートは生物学的な個体差を競う。メンタルストレスに強いとか、胆力があるとか、どこでも熟睡できるといった資質は、場合によってはフィジカルな能力以上に勝敗や記録に関与する。

だとしたら、どんな劣悪な環境でも最高のパフォーマンスが発揮できるアスリートをこそ「最強」と呼ぶべきではないか。

南アフリカの義足のスプリンターは、「義足は人工装置」だとして、五輪の出場が認められなかった。だが、シューズの材質もウエアのデザインも、記録が出やすいよう徹底的に人の手が加えられている。履くと記録が向上するシューズと義足との間に、本質的差異があるのか。

そもそもメダルを目指すようなアスリートは、異常な身体の使い方をしているのである。

「死んでもメダルが欲しい」という人にむかって「それでは身体を壊します」というのは筋違いである。長寿は人間に賦与された最もすぐれた身体能力の一つだが、その優劣を競う長寿者はいない。「競う」こと自体が身体に悪いことを知っているからである。

（2008年3月31日）

無償の笑顔は文字通り無償か

パリのマクドナルドでマックシェイクを注文したとき、若い女性の店員に発音の誤りを指摘されたことがある。

「マック」という部分の発音が気に入らなかったらしい。発音を訂正できるということは、注文はちゃんと伝わっているわけで、黙って出せば済むものを、こちらが発音を訂正するまで断じて注文は受け付けないという厳しい態度である。日本なら、バイトの店員は一発でクビだろう。

フランスでは笑顔はプライスレスではない。ファストフードで笑顔のサービスを期待するのは「木によりて魚を求むる」に似ている。

理由の一つは、彼の国では、観光客が出会うレベルの接客担当者は銀行の窓口であれ、ホテルのレセプションであれ、総じて階層社会の上位に上昇する可能性の低い人たちだからである。

無償の笑顔は文字通り無償であり、彼らにさして良きことをもたらさない。それよりは、権限の範囲内で「いけず」をして、観光客に屈辱感を味わわせる方がまだしも気分が晴れると考える人々が少なくないのであろう。

「愛想のなさ」の方が接客の世界標準なのである。

前に世界でも例外的な「水と安全がただ」である事実こそわが国が国際社会に誇れる数少ない外交資源だと書いた。

憲法9条が実現したセキュリティーとあらゆるレベルでの接客サービスのクオリティーの高さを日本人はもっと誇ってよいと私は思う。

（2008年5月26日）

喫煙者いじめという「良識」

先日、ある新聞が「たばこの値段を『1箱1000円』に引き上げることに賛成」という論説を掲げた。「愛煙家をいじめるつもりはない」と結んではいたが、この「煙草＝悪」論の非寛容さはいささか度が過ぎると思った。

おっしゃるとおり、煙草は体に悪い。だが、アルコールもジャンクフードも体に悪いことには変わりはないだろう。

煙草を吸ったせいで人生の重大な判断を誤るということはまずないが、泥酔したせいで人生を棒に振った人、酔漢に人生を台無しにされた人は無数にいる。

この論説委員が国民の安全と健康を真剣に配慮しているというのがほんとうなら、「煙草1箱1000円」よりも「ビール1缶2000円」により飲酒習慣の抑止を求める方が先だろう。なぜ、そうしないのか。酒造会社が新聞広告の大口出稿者であることは無関係だと、この論説委員は言い切れるのか。

敗戦直後の、喫煙が国民に残されたわずかな愉しみであった時代にも、この論説委員は「国民の健康のために煙草を1000円にしろ」と書けるのか。

「喫煙者いじめ」が政治的に正しい意見として通るのは、喫煙者が少数者に転落し、社会的影響力を失ったからである。理由はそれだけである。ある社会集団の数が多いうちは黙認し、ひとたび少数派になったら叩く。それが当今の良識らしい。

（2008年7月21日）

ヒューマン・スケールを超えて

「虫と人間」というタイトルで、神戸女学院大学の新制大学認可60年記念シンポジウムを開いた。養老孟司先生による基調講演のあと、先生を囲んで、武術家の甲野善紀さん、コレオグラファー（振付家）の島崎徹さん、動物生態学の遠藤知二さん、そして私という4人の本学教員で対話の時間を持った。虫捕り、武術、舞踏とそれぞれ分野は違うが、身体を使う仕事の人ばかりである。

話を聴いているうちに、解剖学者である養老先生がなぜ虫を追い続けているのかが、少しわかってきた。

巨大過ぎる事象（例えば銀河系）や、微小過ぎる事象（例えば素粒子）は、人間的スケール内の出来事（家庭内不和とか今期の減収とか）に比べるとほとんど意味を持たない。だから、私たちはそういうものを観察し、理解する仕事にリソースをあまり割かない。

だが、極大極小いずれの方向であれ、人間的スケールを超えたものに私たちはときおりは出会う必要がある。そうしないと「人間とは何か」ということがわからなくなるからである。

虫を観察する人は、日々のたずきの道とは違う境位に、人間世界とは違う法則と秩序が存在することを知っている。それは逆から言えば、人間とは何かを知ることである。だから「虫屋」たちは人間的尺度で万物を考量する人たちより、人を見る目がたしかなのである。

（2008年8月18日）

「ダウンサイジング」の時代

入試の季節が始まり、週末は面接に駆り出されている。

私の大学でもAO入試から後期入試まで10回ほど入試がある。さいわい、うちは何万人もの志願者を集めないと採算が取れないマンモス大学とは違って、「ぜひこの大学で学びたい」というお嬢さんたち数百人を迎えれば経営が成り立つ「小商い」である。

大学というのは「これだけはどうしてもやりたい」という教育理念の旗じるしを掲げて、逆風に耐えていくものだと私は思っている。その理念に共感してくれる人々がいれば迎え入れ、いなければ黙って来るのを待つ。

浅草路地裏の天麩羅屋のように「うちは寛永年間から、たれは一緒です」的な商売でも、安定した顧客がいれば店を続けられる。それでいいと思う。

そのためには、「所帯が小さい」ということが必要だ。所帯が大きくなれば、組織の延命が自己目的化し、やがて人々は何のために自分たちがその仕事を始めたのか、その初心を忘れてしまう。

「教育のグローバル化」（これもそろそろ「死語」になりそうで、ほんとうにうれしい）は日本の大学に統廃合による少数化・巨大化を要求してきた。だが、恐竜時代の終わりに小型哺乳類が登場してきたように、今世界は「ダウンサイジング」に方向転換しつつあるように私には思われるのである。

（２００８年11月24日）

予言の定期的点検

メディアで発言する人には、判断や予測を誤ったとき、なぜ誤ったのかを検証して公開する責任があると私は思っている。自分は何を勘定に入れ忘れたのか、何を過大あるいは過小評価したのか。それを吟味することは「自分の愚かさの成り立ち」を理解する上でたいへんに有用である。

だから、私は自分自身の推論の適切性を定期的に点検するために、できるだけこまめに「予言」をすることにしている。

以下は、昨年〔2008年〕12月初めにブログで公開した予言。

麻生太郎首相がもう一度舌禍事件を起こして年内に失脚（すでに最初から予言ははずれそうだが）。自民党内で「麻生おろし」が始まり、麻生は詰め腹を切らされる。選挙管理内閣のワンポイントリリーフとして与謝野馨が登場し、年明けに解散総選挙。自民党は歴史的大敗を喫するが、民主党もそれほど勝つことができない。

ここに乱世の人・小沢一郎が登場して政界再編合従連衡の大騒ぎが始まる。小沢は自民党に手を突っ込んでかき回すだけかき回し、首相のポストを約束して加藤紘一を自民党から引っ張り出す。かくして「大民主党」加藤政権の誕生……というのが、私の予言である。

ここで書いてしまうと、予言がはずれたときに申し開きの余地がない。２００９年、この予言の正否についてどんな言い訳をしようか、いまから楽しみである。

（２００９年1月12日）

タイニーでラブリーな男たち

最近の若い人たちは顔が小さい。ＷＢＣの試合を見ていて、隣にいた女の子が「ダルビッシュって、ほんと顔小さいねえ」と感に堪えたようにため息をついたので、なるほどと思った。たしかに彼はみごとな八頭身である。

「小顔」というのが審美的に重要なファクターになったのは、20年ほど前のことであるが（小泉今日子からではなかったかしら）、そのころから、いきなり日本の若い人たちの顔がきゅうっと小さくなった。

「獲得形質は遺伝する」というのはラマルクだが、私がそのときに感じたのは、「親の代の審美的思い込みは子供のDNAを改変する」ということであった。という話を学生としていたら、「男の子の背が縮んでいる」というご指摘を頂いた。

データはどうだか知らないが、実感としては、たしかに若い男の子たちは「小さくなっている」。細くなって、色白になって、弱々しくなっている。女性のほうが背が高いカップルも、そういえば珍しくない。

おそらく、いまの世の中では、男性はタイニーでラブリーな形態をとるほうが「生存戦略上有利である」という判断がどこかで下されたのであろう。

そう言ったら「じゃあ、松坂はどうなんだ」と反論された。いや、ラブリーでしょ、彼も。

（2009年3月23日）

日本人は「末期」が好き

昨年〔2008年〕12月に私は「麻生おろし」のシナリオについて予言をした。麻生太郎首相が舌禍事件で年内に失脚。ワンポイントリリーフとして与謝野馨が登場、年明けに解散総選挙。自民党は歴史的大敗を喫するが、民主党も単独過半数は取れず、小沢一郎が腕まくりして政界再編、合従連衡の政局が始まる……という予言だったのだけれど、残念ながら、外れてしまった。まさかここまで麻生首相が引っ張るとは思わなかったのである。

解散は、自民の「負けしろ」がどこまで許容範囲かという計量的な判断によって決するはずだったのだが、その決断が下せなかった（まさかここまで「末期的」だと思わなかった）。

そこで懲りずにまた予言してしまうが、この選挙期間中に景気は好転すると私は思っている。

「政権交代」の予感は（何だか知らないけれど）消費活動を刺激しそうだからだ。つられて株価も上がる。自民党は必死になって「わが党の経済政策の成果が上がってきたのだ」と言い立てるだろうけれど、そうではない。日本人は「末期」が好きなのだ。年末になると財布のひもが緩み、年度末には余った予算を大盤振る舞いする。私たちはそういう国民なのである。「これで世の中変わりそう」という（あまり根拠のない）浮かれ気分は4年前の「小泉劇場」によく似ている。

結末も似たようなものになりそうに思えていささか気が重いが。（2009年8月3日）

未成熟な親の子どもは未成熟

還暦ともなると、学生の親たちとの世代間ギャップを感じることが多い。昔は学生の親御さんはみな私より年長であったが、気がつけば親たちのほうがだいぶ年下である。だいたい40代半ば。当然、きちんと仕事をして生計を立て、子どもを大学生まで育て上げられたのだから、立派な社会人ではあるのだろうが、残念ながら市民的成熟がいささか不足されている方が散見される。

うるさく自己主張をすることで自己利益は増大するとどこかで教えられたせいなのか、４年間教務部長をしている間には「責任者を出せ」と何度も怒鳴り込まれた。平伏したり、説得したり、ときには怒鳴り返したり、いろいろしているうちに「困ったお父さん」に決まったパターンがあることを知った。

母娘が密着していて、ふだん家庭内で蚊帳《かや》の外に置かれ、相手にされないお父さんに限って、娘が大学で何かトラブルがあったと聞きつけると、いきなり張り切りだすのである。「オレに任せろ」と腕まくりして、大学に出張ってくる。「頼りになる父親」のイメージを構築して、家庭内での復権を企てておられるのであろう。気持ちはわからないでもない。

親たちとのかかわりから一つ学んだのは、未成熟な親の子どもはやはり未成熟で、利己的にふるまう親の子どもは同じく利己的にふるまうことである。

家庭教育はまだちゃんと機能しているのである。

（２０１０年2月8日）

リーダーシップ不要論

就職活動をする学生たちは「リーダーシップ」をアピールしろと教えられる。集団面接のグループディスカッションでは率先して司会役をすることが勧奨されている。

だから今、私たちの社会で「ディスカッションに練達した人」という言葉が指し示すのは、「導くべき結論があらかじめ決まっており、それ以外の選択肢があることについては知らないふりをする人間」のことである。そういう種類の「ゆるぎなさ」が「リーダーシップ」と呼ばれている。

だが、私は少し意見が違う。

集団で議論するときにもっともたいせつなのは、そこが「誰も予期していなかった言葉」「何を言いたいのか、よくわからない言葉」がとりあえず聞き届けられる場であるかどうかだと思っている。

メディアは「今こそ毅然としたリーダーが必要だ」と繰り返す。今の総理大臣（鳩山由紀夫氏）に対するもっとも執拗な批判は「人の話を聴き過ぎて、なかなか決断できない」である。たしかにそれは事実かもしれない。

だが、このような主張をなす人たちにしても、「自分たちの意見などに政治指導者は耳を貸すべきではない」と言いたいわけではあるまい。聴かずに決断する人と、聴き過ぎて決断を先延ばしにする人のいずれが「まし」かについて、「決断を先延ばし」にする人は予断を犯していると責められるのだろうか。

（２０１０年3月22日）

「市民目線」のリスク

参院選はたぶんあまり盛り上がらないと思う。民主党は「看板」を付け替えて支持率のV字回復をはかるが、議席数は減らすだろう。だが、対する自民党にも党勢回復の手立てがない。第三極は浮動票頼みだが、争点がなければ、「風」も吹かない。何より気になるのは、静かな声で、穏やかに政治を語る候補者がどこにも見当たらないことである。みな、不機嫌顔を競い、それぞれの政敵の政策がいかに愚劣であるかを口汚く罵っている。

間違いなく、私たちの国は今混迷のうちにある。「こうすれば万事うまくゆく」というようなマスターキー的な政策は存在しないし、そこに「丸投げ」すればすべて解決してくれる政党も存在しない。

政治指導者に求められているのは、国民的合意の形成のために、異論とも忍耐強く冷静に対話できる器量の大きさと、長期的な国家戦略を語れる視野の広さだと私は思う。

だが、そのような資質を求める声はどこからも聞こえてこない。どの政党も「隣のお兄ちゃん、お姉ちゃん」のような親しみやすさを条件に候補者を選定しているように見える。すぐに感情的になったり、居直ったり、遁辞《とんじ》を弄する政治家の方が「自分たちみたいで安心」だという有権者の気持ちもわからないではない。けれども、危機の時代の国家戦略の策定を「市民目線」や「生活実感」に委ねることのリスクを私たちはいささか過小評価してはいまいか。

（2010年7月5日）

「昨日の自分」と「今日の自分」

マリナーズのイチローが10年連続の200本安打を達成した。すばらしい記録だと思うが、いつものようにイチロー自身は数値をあげつらうメディアに対しては冷ややかである。

「記録は通過点です」というイチローのコメントは素直にそのまま受け取るべきだろうと思う。

トップアスリートは自分の身体能力の極限をめざしている。彼が自己点検するときに参照すべき手がかりは数値ではない。むろんライバルとの優劣でもない。そのようなものをいくら眺めても自分自身の心身のパフォーマンスの質を考量する手がかりにはならない。

相手チームの野手の失策や打率の競争相手のスランプを喜ぶようなマインドセットの人間がアスリートとして大成するということはありえない。

トップアスリートは自分にしか興味がない。「昨日の自分」との比較だけが「今日の自分」の術技の質を吟味するときに有効である。

イチローはたぶん「ルーティン」に徹していると思う。

生活習慣を変えない。毎日同じ時間に同じことをする。スタジアムにもいつも同じ時間に同じルートで通う。

それが「昨日はあったが今日はないもの」と「昨日はなかったが今日はあるもの」の検出にもっとも効果的だからである。

クラッシュの予感も爆発的なブレークスルーの手がかりも必ずその徴候を取ることを彼は知っているからだ。

（２０１０年10月25日）

個人の健康より大事な煙草の話

人前では煙草を吸わない。

でも止めたわけではない。犯罪者のような目つきで見られるのにうんざりしているだけである。

高校生のときはみつかると停学を食らうほどの禁忌だったのであるから、それに比べればまだ気楽なものである。

忘れている人が多いようなので言っておくけれど、世の中には個人の健康より大事なものがある。

それは共同体の統合である。喫煙はいまだ古い共同体儀礼のなごりをとどめている。それが喫煙習慣がしぶとく生き残っている理由である。

40年前、徹夜のデモで機動隊に散々に蹴散らされて明け方の郊外の駅に向かってとぼとぼ歩いているときに、隣を歩いていた見知らぬ学生から煙草を貰ったことがある。頭を寄せ合って、一本のマッチの火で二本の煙草に火を点けたときに、「やれやれ今日も生き延びた」と深い安堵を覚えた。この感覚は喫煙固有のものだ。コーラやあんパンでは味わえない。

献酬の習慣がなくなった現在、煙草は見知らぬ人から貰うことがまだ許容されている唯一の商品である。煙はその物性上私有することができない。だから、煙草は私たちが同じ空気を共有していることを視覚的に確認させてくれる。それは健康な人々が愉悦を享受するときには不要の仕掛けだろう。けれども、うちひしがれ、深い疲労のうちにあるときに、隣人と煙草を分かち合うことの儀礼的意味はまだ失われていない。


（2010年12月6日）

「国の宝」とは何か

民主党のセミナーに講師として招かれた。

内閣支持率が急落し、解散総選挙も指呼《しこ》の間《かん》というときに区々たる政策論議をしても始まらない。第一私には政策の良否を論じる能力がない。だから演題は「平成の攘夷論」。言わんとするのは簡単なことで、「それぞれの国には、それぞれ固有の、歴史的に形成された特殊性があるので、斉一的に『国際共通的にこれが正しい』というルールを押し付けるのはやめましょう」ということである。

日本人は「日本の特殊性」にもう少し丁寧に付き合った方がいいのではないかと私は思っている。国民的特殊性の中には生活習慣によるものもあるし、遺伝的なものもある。生活習慣は改められるが、遺伝形質は変わらない。だが、「平成の開国論」者には日本の「欠点」をひとしなみに生活習慣病とみなし、国際共通的な「健康法」と「特効薬」ですべて快癒するという思考傾向が感じられる。

農業や林業やいくつかの産業分野がつぶれても補償さえすれば文句は言うまいという開国派の考え方には、グローバリストに共通の「すべての問題は金で解決する」という人間観が伏流している。

でも「金では動かない人間」を一定比率含まないと国は崩壊する。「金では動かない人間」はその意味で「国の宝」だと私は思っている。人が金で動く理由は世界どこでも同じだが、ある人が「金で動かない」理由には国際的汎通性がない。その「ここにしかない」局所性が最後の最後に一国の土台を支えるのである。（2011年3月7日）

「寄付」に来た大きな潮目

ソフトバンクの孫正義社長が東日本大震災の被災者救援のために100億円と役員報酬全額の寄付を申し出たことが話題になっている。その前にはユニクロの柳井正社長が個人で10億円を、プロゴルファーの石川遼氏が2億円を「目標」とする賞金の寄付を申し出て、そのつどメディアに大きく取り上げられた。

報道の語調には、いつもならこの種の記事には必ず伏流しているはずの「冷笑的」なトーンが抑制されていることに、たぶん多くの人は気づいたはずである。「偽善だ」「売名だ」「罪滅ぼしのつもりか」といった定型的な言葉を私はこの間ほとんど見ることがなかった。

これは潮目の大きな変化ではないかと思う。

「私財を公共の福利のために投じる」ということは、明治、大正までは「功成り名遂げた」人物の義務であった。それはひとりの社会的成功は無数の人々の支援によるものであり、それを自己努力の成果として独占することは「間違っている」とみんなが思っていたからである。

それが常識ではなくなってから半世紀が経った。

しばらくの間、人々は「誰にも迷惑をかけない、かけられない生き方」を範例的なものだと信じていた。けれどもそれほどまでに豊かで安全な時代は長くは続かない。私たちは再び「迷惑をかけたり、かけられたり」する生き方を学習し直さなくてはならなくなった。昔はそれができた。

今度もできるはずである。

（2011年4月18日）

人生はミスマッチの連続

友人の建築家が被災地の避難所に行った。

被災者を収容している体育館では、被災者が起居しているプライベートな空間と、救援物資の仕分けをしているパブリックな空間が間仕切りもなくがらんと拡がっている。その空間をいくつかのパーツにカーテンで仕切ったら、人々の心身の疲れがずいぶん違うのではないかという、いかにも専門家らしい発想から、テキスタイルやインテリアの専門家たちと連れ立って東北へ出かけたのである。

帰ってきた彼に「どうだった」と様子を訊いたら、やや曇った顔で、「どうも現地ではそういうタイプの支援活動を予想していなかったようで、最初はずいぶん迷惑そうな顔をされました……」と答えた。勢い込んで行ったのに、思いがけなくクールな反応にいささか気落ちした様子だった。

私も被災者として支援活動を受けたことがあるので、「その感じ」はよくわかる。被災者の側の具体的な「ニーズ」と、ボランティアの提供する「サプライ」が過不足なく一致するということはめったに起こらない。ほとんどの場合、被災者と支援者の対面状況はミスマッチである。ミスマッチであることがむしろ「ふつう」なのである。

私が被災者であったとき、元気いっぱいに避難所にやってきて「お手伝いさせてください」と言う学生たちの妙につるつるした顔が不愉快だったことを記憶している。

救援物資の分配のような単純作業に手間取るのを見ても、仕事のあいまに学生同士で談笑しているのを見ても、なんとなく腹立たしかった。だから、私たちは彼らに対してあまり愛想よくなかったのではないかと思う。後になって、もう少し感謝の気持ちを素直に示せばよかったと反省した。

人生はミスマッチの連続である。私たちは進学先を間違え、就職先を間違え、配偶者の選択を間違える。それでも工夫次第で何とか幸せになれる。ボランティアの善意と現場のニーズのミスマッチくらいで落ち込むことはないよ。そう言ったら、若い建築家の表情が少し明るくなった。

「じゃあ、これからも続けて被災地に行きます。むこうが多少迷惑顔しても、どんどんカーテン吊っちゃいますよ」

うん、それでいいと僕は思うよ。

（2011年5月2日）

ダブルチェックが機能するのは

政府の事故調査・検証委員会が発足した。畑村〔洋太郎〕委員長は「責任追及を目的とはしない」としているが司法訴追の可能性がある以上、証言者がどこまで「ほんとうのこと」を言うかはわからない。たぶん自分の責任になりそうなことは言わないだろう。

イタリアでは2009年に起きた大地震で309人が死亡、6万人以上が被災した。この災害では、政府の防災委員会が事前に大地震の兆候がないと判断したことが被害拡大につながったとして、過失致死傷の罪で委員会メンバーの学者ら7人が起訴されている。

委員会は、群発地震が続いていたにもかかわらず、「大地震に結び付く可能性は低い」と報告。これに安心して避難しなかった多くの住民がその6日後に起きた地震で死傷した。

被告側弁護士は「地震予知は不可能であるので、予知できなかったことを罪に問うことはできない」と主張している。私もそう思う。

でも、それなら初めから「大地震が来るか来ないかは予測できません」と正直に言えばよかったのにとも思う。

昔、友人たちと会社を共同経営していたことがあった。ある仕事を任されて、終わったあとに「ミスはないね」と同僚に確認を求められた。

「人間のやったことだから、ミスはあるかもしれない」と答えたら、ずいぶん叱られた。「じゃあ、もうウチダには仕事を頼まない」とまで言われた。彼がチェックしたら、さいわいノーミスだった。

彼と私のどちらがより現実的なのか、今でもよくわからない。でも、お互いに「自分の方が現実的だ」と思っていた。だからダブルチェックが機能したのである。

人間のやる仕事については、「人間とはどういうものか」についての見方が違う人間がダブルチェックした方が、「似たもの」たちだけでチェックするよりもミスの発見確率は向上する。これは経験から私が学んだことの一つである。

事故調査・検証委員会はできるだけ多様な基準に基づき、多様な視点から関係者の聴き取りをしてほしいと思う。

そして、悪意や責任放棄は罰することができるが、愚鈍や卑屈は罰しうるものではなく、ただ忍耐強い説得と教化によって是正する他ないものだということもお覚え願いたいと思う。

（2011年6月20日）

「リアリスト」の現実逃避

震災直後に「『疎開』のすすめ」という文をブログに載せた。賛否両論あった。私の耳に届いた声のほとんどは「賛成」（というより「もう疎開しました」）だった。非とするものもあったが、その理路が私にはいまだによく理解できない。

「パニックを煽るな」という批判があった。私は「妊婦や幼児、老人や病人などパニックが起きたときに自力脱出がむずかしい人たちは、交通・通信のインフラが安定しているうちに、はやめに安全なところへ疎開した方がいい」と書いただけで、「みんなはやく逃げろ」と言ったわけではない。

「疎開で人口が減ると景況に悪影響が出る。首都圏にとどまって通常どおりの消費活動をしてくれなければ困る」という反論もうかがった。私は「命の話」をしていたのだが、先方は「金の話」をしていた。それでは話が嚙み合うはずがない。

原発をめぐる対策が前に進まないのは、「国土の保全と国民の安全」が最優先だと政財官の要路の方々が実はそれほど真剣には思っていないからである。彼らはそれよりも「国土の保全と国民の安全を担保するための金をどう手当てするか」で頭がいっぱいなのである。

彼らにとって、最優先の課題は放射線量の測定や原発のメルトダウンへの技術的対応ではなく、補正予算や国債である。それは「金がなければどうにもならない」というリアリズムのかたちを借りてはいるが、実際には「金さえあればどんな苦境もなんとかなる」という素朴な信憑を告白しているに過ぎない。

どんな問題についても「万事は金の問題なんだ」と言う人たちがいる。本人は自分のことを「リアリスト」だと言うが、私はそうは思わない。「ものごとがうまくゆかないのは金がないせいだ」と主張する人は、そう言うことによって、実は「金さえあれば（ないけど）、すべてはうまくゆく（はずだった）」という条件法構文で、この世界が実はそれほど不条理ではないと自分に言い聞かせているのである。

「すべてを解決する魔法のお金」の算段に夢中になっている間だけ、彼らは恐怖の対象から眼をそらし、いっとき心の平安を掠《かす》め取っているのである。（2011年7月4日）

「見当たり名人」を育てよ

大阪、京都両府警の捜査官が広域事件について打ち合わせをしたとき、京都府警の刑事が「こういう事件もあるんです」と、ある空き巣事件の容疑者の写真を大阪の刑事に示した。打ち合わせが終わって外へ出て10分後に大阪府警の刑事は近くの競艇場外発売所近くでその容疑者を発見した。この捜査官は雑踏の中から指名手配犯などをみつける「見当たり捜査」の専門家だそうである。

そういうものだろうと思う。こういう人たちは「犯罪にかかわる人間」が発する微細なオーラを感知する能力を備えている。そういう能力を持っている人が警察官になるべきであり、これまではなってきたのだと思う。警察という制度はそのような能力を勘定に入れて制度設計されている。

だが、挙動不審な人間を感知する能力や、嘘をついている人間を見当てる能力などは、その有無や良否をエビデンスによって示すことができない。

そして、私たちの社会では「エビデンスによって示すことができないものは存在しないものとみなす」というルールを採用している。

そのせいで、わが国のあらゆるシステムは劣化したと私は思っている。

冤罪事件が多発するのは、司法システムが「嘘をついている人間と真実を述べている人間を直感的に識別できる能力」を備えた司法官が一定数存在することを前提に制度設計されているからである。

物証がなくとも、自供がなくとも、証言の真偽を直感する力を備えていると想定された司法官に付与されている諸権限を、そのような能力を持たない司法官に許したからこそ、「今起きているようなこと」が多発するのである。

人々は司法制度の改善（平たく言えば「司法官がどれほど無能でも真犯人が逮捕され、正しい判決が下せる制度」の実現）を願っている。それも一つの道だろう。

だがそれでは制度の劣化は止まらない。遠くから容疑者に引き寄せられる捜査官や、偽証を直感できる司法官はどのようにすれば選抜され、育成されるのかという問題は純粋に技術的なものだ。それを誰も論じないという事実が制度劣化の病態そのものなのである。

（2011年8月15日）

「縮みゆく日本」を謳歌しよう

私たちは今世界史的な転換期を迎えつつある。

中沢新一さんは『日本の大転換』という本を出し、平川克美くんは『移行期的混乱』という本を出した。先日は高橋源一郎さんと会って「脱原発社会のオルタナティヴ」について話し込んだ。僕も含めて四人とも同年齢で、言っていることも全員だいたい同じである。経済成長はもうない。長期にわたる人口減少期に入る。企業活動も消費も低迷し、税収は減り、医療・年金の歳出だけが増大する。

そのような事態の到来を忌避したがる気持ちはよくわかる。「そんなことになったらたいへんだ」という不安はよく理解できる。けれども、「そんなことになったらたいへんだ」という前提から導出されるソリューションは一つしかない。それは、「あらゆる手立てを尽くして経済成長の夢を語る」というものである。

成長論者たちが呼号する「これから土地はまた上がります」「株価も戻します」「消費はまた活性化します」という言葉を多数の日本人がもう一度信じれば、人々は老後の蓄えを吐き出して不動産や株に投資し、若者たちは借金しても「今欲しいもの」を買うだろう。国民の多数が経済成長を信じれば、経済は一時的に活性化するだろう（再びバブルがはじけるまで）。

経済成長は「このまま経済は成長し続ける」という信憑の上に成り立つ。だから、人々が信じることを止めれば成長も止まる。そして、日本人はもうその夢を信じることができなくなった。

もう一度「成長のトラック」に日本経済を乗せたいと思うなら、「あ、そうか。その手があったか！」と人々が驚嘆して、腹を抱えて笑い出すような、雄渾で壮大なグランドデザインが必要だ。

だが、そのようなスケールの話を語る人はどこにもいない。せいぜい「ベトナムに負けるな」とか「シンガポールに後れをとるな」というような「直近の成功事例の物まね」提言だけである。

もう成長はない。だったら、その状況に適応して、いかにして「縮みゆく日本」を穏やかにかつ愉快に生きるか、その方策について「知恵を出し合う」時期を私たちは迎えているのではないか。

（2011年11月21日）

「供犠」が持つ暗黒の魅力

大阪市の橋下徹市長が全職員を対象に実施した政治・組合活動に関するアンケートに市労連や日弁連が「思想良心の自由」に違背するものとつよく反発し、アンケートの集計作業は一時凍結されることになった。

だが、その後に、今度は政治・組合活動の実態を調べるため、全職員約2万3千人の業務メールの調査が始められた。国は個人情報調査については事前通知をガイドラインに掲げているが、今回の調査は職員への事前通告も同意の取り付けもなく実施された。

矢継ぎ早の「職員締め付け」が続いている。

メール調査もおそらく「一時凍結」で終わることになるだろうが、市長とそのブレーンたちにあまり気にしている様子はない。それは、組合の庁内施設使用の禁止から始まった一連の施策の目的が「市職員は無数の既得権益で保護された人々であり、彼らこそが制度改革の妨害者なのだ」という主張を有権者に繰り返しアピールすることにあり、それはすでに成功しつつあるからである。アンケートについては、日弁連や共産党が市労連を支持したが、このふるまいも「日弁連も共産党も既得制度の受益者だからだ」という構図で解釈可能だし、市長と大阪維新の会はたぶんそういう説明を採用するだろう。

システムの一カ所に「諸悪の根源」を局在させ、それを抉り取りさえすれば「すべてが解決される」という考え方は「供犠」と呼ばれて、人類の歴史と同じだけ古い。

無数の失敗を経験しながら、今なお私たちがこの思考法を手放すことができずにいるのは、これがそれだけ魅力的な話形だからである。

だが、供犠には難点がある。一つは「そういうやり方は問題ではないか」と意見する者は自動的に「既得権益の受益者」として処罰対象になること。

こうして短期間で社会は「ワルモノ」と「処罰者」に二極化する。だが、「ワルモノ」を根絶した後でもまだシステムが不調である場合（たいていさらに不調になる）、それを説明できるロジックはもう一つ残されている。それは「処罰者たちのうちに『ワルモノ』が交じっている」というものである。この相互告発はしばしばすべての処罰者が消滅するまで終わらない。


（2012年3月5日）

「待ったなし」でも破滅しない

「待ったなし」という言葉が議論を打ち切るときの決めの台詞に採用されるようになったのはいつからだろう。

「タイムリミットが迫っている。ぐずぐず議論している余裕はない」と言い立てた後、

「さあ、私の提案する改革案か現状維持かどちらかを選べ」と迫られる。現状には問題があるからこそ議論しているわけで「現状維持」という答えはありえない。その上で「私の提案するプラン」か「現状維持」を選べと言う。「ちょっと待って」と言うと、「『待って』というのは『現状維持に賛成』とみなす」と畳み込まれる。

そういう言い回しが流行している。政治家もメディアもネット評論家たちもご愛用である。だが、人々がこのような言葉づかいに慣れてしまうことに私はつよい不安を覚える。

普天間基地問題も、TPP問題も、消費税増税も、原発再稼働も、古くは郵政民営化も、教育再生も、年金制度改革も、そのつど「待ったなし」を宣せられ、「プランAか現状維持か」（プランBはない）で選択を求められた。そのつど国民は「じゃあ、プランA」と答えた。

だが、しばらく経ってから振り返ってみると、どれも別に「そこで選択を誤ったら日本はもう終わり」であるような決定的分岐点などではなかった。

郵政民営化は選択そのものが誤りだったと7年後にカミングアウトされた。

タイムリミットに遅れたら日米関係は取り返しのつかない破局を迎えると脅された普天間基地も、「バスに乗り遅れるな」と尻を叩かれたTPP問題も、だいぶ前にタイムリミットを過ぎたようだが、日米同盟にカタストロフが来たという話はとんと聞かない。たぶん、アメリカはもうずいぶん前から日本政府の問題解決能力については何も期待しなくなったのだろう。

「待ったなし」の（つまり思考停止による）問題解決という手法に固執している限り、内政でも外交でも、日本政府が難問解決の道筋を鮮やかに示して諸国の敬意を集めるということは絶対に起こらない。日本人だけがそのことに気づいていない。

武道では、攻め立てられて選択肢が狭められることを「後手に回る」という。

後手に回ると必ず負ける。

（2012年4月30日）

「エゴ」が許されるのは

1970年以来、42年ぶりに国内の原発がすべて停止した。今年が「原発ゼロ元年」として久しく国民的記憶に残る年になることを私は願っている。

毎日新聞（2012年）5月8日付の世論調査では、この夏、原発停止のせいで電力不足が予測されるが、節電・停電による不便を受忍できるかどうかという問いに74

%が「我慢できる」と回答していた。なんと健気《けなげ》な国民であろう。原発再稼働推進派の人々にとっては意外な数字だったのではなかろうか。というの
は、この74%の中には、電力をふんだんに使う仕事で生計を立てている人たちが多数含まれているはずだからである。

そういう人たちは原発のリスクを知った上でなお、「背に腹はかえられない」という切羽詰まったリアリズムに屈服するだろう、と再稼働派の人たちは予測していたのではなかろうか。

国土が汚染されるリスクがあろうと、子孫に廃棄物の処理コストを押し付けることになろうと、そんなことより「明日の米びつ」の方が心配だ。今さえよければ、自分さえよければ、それでいい。そういうやけくそのリアリズムで世界は動いていると再稼働派の人たちは思っていたのではないか。だが、実際には日本国民の過半はそのようには考えなかった。

理由はわかる。同じアンケートで「原発の安全性についての政府の説明をあなたは信じるか」という問いに77%が「ノー」と回答していたからである。もう政府を信じることができない。それが受忍を受け入れた国民的決断の主たる理由のように私には思える。

「自分さえよければそれでいい」というような無法なことが言い放てるのは、逆説的なことだが、自分以外の人々は公共の福利に配慮し、非利己的にふるまうだろうという当てがある場合に限られる。高速道路が渋滞しているとき路肩を突っ走るドライバーは、自分以外の全ドライバーが緊急車両のために路肩を空けている場合にしか利益を得ることができない。

おそらく日本国民は「とりあえず自分ひとりだけでも非利己的にふるまおう」と思い始めている。「お上」の善意や良識を当てにすることができなくなったからである。

（2012年5月21日）

労働者による「労働者」狩りの倒錯

入れ墨調査に続いて、大阪市が市職員の政治活動を規制し、2年以下の懲役などの刑罰規定を盛り込んだ条例案をまとめた。可決されると、市職員は今後、政党などの機関誌の発行・配布、デモ企画や集会での演説などを禁止される。

法律の専門家はその適法性についてしかコメントしていないが、問題は教育基本条例以後の大阪維新の会主導の一連の政策の政治的文脈である。それが何をめざしているのかを、もう少し落ち着いて吟味すべき時ではないか。

これら一連の政策は公務員がこれまで享受してきた「労働者の権利」を限定し、剝奪するための大がかりな企てとみなすことができる。無数の先人たちの献身的で英雄的な努力の成果として私たちが今享受している「労働者の権利」が、あたかも社会的不正であるかのように口汚く罵られている。公務員の賃金が切り下げられ、雇用環境が厳しくなることに他の労働者が喝采を送っている。

労働者が他の労働者の賃金水準の低下と労働条件の劣化を喜ぶという倒錯を実見するのは、おそらく明治以来はじめての光景である。幸徳秋水や大杉栄がこのさまを見たら絶句するだろう。

こんなことが起きるのは、自分たちは「一つのパイ」を競合的に奪い合うゼロサムゲームをしていると人々が信じているからである。自分の「取り分」は他人の「取り分」を減らすことによってしか増えないと信じているからである。

たしかにこの「つぶし合い」は部分的には社会の実相を映し出している。だが、このゲームの難点は「自分の競争相手が愚鈍で無能であるほど自己利益が増大する」というルールにある。労働者たちが他の労働者の怠惰や反社会性をうるさく言挙げし、その処罰を求めるという倒錯はそれによってしか説明できない。

いずれ日本の労働者たちは共に社会を形成している他の労働者たちができるだけ無能で愚鈍であり、「労働者の権利」に値しない存在であることを願うようになるだろう。

だが、原発事故以後の日本のシステムの致命的な劣化は、日本人が隣人を「パイを奪い合う」競争相手とみなし、共に社会を支える同胞とみなす習慣を失ったことに起因するように私には思えるのだが。

（2012年6月4日）

この国に「大人」はいるのか

原発事故の直後、米政府は軍用機で放射線測定を行い、詳細な「汚染地図」を作成した。地図は放射性物質が北西方向に帯状に飛散していることを明らかにしたが、データを受け取った経産省原子力安全・保安院と文科省はデータを公表せず、官邸と原子力安全委員会にも伝えなかった。その結果、多数の住民が間違った方向に避難し、被曝するという深刻な事態を招いた。

「小役人だけが犯すことのできる大きなミス」というものが存在する。彼らを律しているのは「規程に取り決めのないことについては判断しない」というルールである。想定外のことに接した場合は、判断を留保し、上からの指示を待つ。

原発事故が起きたとき、日本の役所は実効的なマニュアルを持っていなかった。原発事故は「起こるはずのないこと」だったから、それに対する備えの要るはずがない。だが、事故は起きた。すべて「前例のないこと」だった。だから、役人たちは判断を留保した。

「汚染地図」の重要性は役人たちにもすぐに理解できたはずである。だが、それを活用して住民の被曝のリスクを少しでも小さなものにしようと動いた役人はひとりもいなかった。そのことに私たちはもう少し驚いていい。たぶん「原発事故後に外国政府から提供されたデータの取り扱いについて」の規程が例規集にはなかったからであろう。

たしかに、彼らの行動（というより非行動）には、規程上の瑕疵はない。だが、要路にある人はときとして「どうふるまってよいか適否の基準がないときに、適切にふるまうこと」を求められる。それができる人を本邦では久しく「大人」と呼んできた。

日本の役人の劣化は制度上の問題ではない。服務規程を細密化し、勤務考課を厳格化すればどうにかなるというレベルの話ではない。人間の質そのものが劣化しているのである。

どうすればもう少しまともな「大人」を登用できるのか。

何を基準に「まともな大人」とそうでない人間を識別できるのか。

文科省と経産省は「キャリア教育」や「グローバル人材育成」を語るより先に「省内にはなぜ大人がいないのか」を自問すべきだと私は思う。（２０１２年７月２日）

「煩悩」に反応できずして武道にあらず

女子高校生に裸の写真を携帯のカメラで撮影させてメールで送らせたとして、警視庁は神奈川県警の巡査部長を児童買春・児童ポルノ禁止法違反容疑で逮捕した。容疑者は２００８年の剣道全日本選手権優勝者で、今年（２０１２年）の世界選手権団体戦でも優勝メンバーの一員だった。

この件について、全日本剣道連盟がどうコメントするか待っているのだが、まだ目に触れない。「武道必修化」を推進してきた文科省からもひとことのコメントがあって然るべきだと思うが、こちらも無言を貫いている。今回の事件は個人的な性的嗜癖のことで、武道とは何の関係もないという解釈なのかもしれない。

意馬《いば》心猿《しんえん》、ひとの心の奥底にはさまざまな妄念がひしめいている。それを非とすることは誰にもできない。現に、逮捕された警官も、ふだんは遵法精神豊かな、礼儀正しい好青年なのかもしれない。

だが、その人が「武道家として頂点をきわめた人物」であるというふうにこれまで紹介されてきた事実を私は看過することができない。

武士の心得とは、ひとことで言えば、「適切なときに、適切な場所で、適切なふるまいをする」ということに尽くされる。用のあるところで果たすべきことを行い、用のないところには行かない。それだけである。

私の問いはこうである。

長期にわたる集中的な修行が、発覚すれば彼自身のキャリアのみならず警察への信頼も剣道そのものの威信をも取り返しのつかないしかたで毀損しかねない行為を自制することのできない人間を作り出してしまった。なぜ、そのようなことが起こり得るのか。

あらゆる伝書が教えるように、煩悩は「第一の敵」である。それは正面から攻撃してくる現実の競技相手よりもはるかに深く、残酷なしかたで人間の生きる力を損なう。だから、煩悩が判断力を曇らせるとき、武道家の中ではリスク接近を知らせる「アラーム」がはげしく鳴動する（はずである）。

だが、なぜか彼の耳にはその「アラーム」が届かなかった。

リスクの切迫に際してアラームが鳴動しない人物が修行してきた技法をその語の厳密な意味での「武道」と呼ぶことは可能なのか。一考を要する問いだと私は思う。


（2012年8月13日）

東京オリンピック招致にみる病

2020年の東京オリンピック招致のためのキャンペーンが始まっているが、そのコピーがひどいことになっている。たぶん広告代理店に丸投げして起案したものだろうが、「ひどい」という以外に適当な形容を見出せない。長いものだが、例えばこんなことが書いてある。

「このままだとこの国は世界から忘れられてしまうかもしれない。今何かをしなければ、この国の未来や子供たちの自信を奪うことになるかもしれない。誇るべきものを誇るために、勝つべきものを勝ちとろう。未来のために。東京にオリンピックを呼ぶのではない。ニッポンに呼ぶのだ。オリンピックは夢をくれる。そして力をくれる。経済に力をくれる。仕事をつくる。それが未来をつくる今になる。」

切りがないからやめておくが、ある意味で「ニッポンの今」に取り憑いた病がそのまま徴候化したような文章である。この文章に露出している病的徴候のひとつは「二流国に転落することへの不安と焦燥」、ひとつは国力というのは煎じ詰めれば「金《かね》」のことであり、オリンピックというのは国威発揚と経済活動のための「道具」だという予断である。

驚くべきことだが、この長い文章の中に、世界のアスリートに向けて発せられたメッセージが一言もない。海外からの来訪者をどう歓待するか、その気構えを述べた言葉が一言もない。そもそもオリンピック競技というものが何のために始められたのかという「大義」についての言及さえ一言もない。

あるのは、オリンピックを「レバレッジ」にして「一山当てたい」という内向きのメッセージだけである。この「一山当てる」プロジェクトに気乗りがしないという国民は、「目的をもたない」人間、「挑戦することから逃げる」人間、「未来を閉じる」

人間だという罵りだけである。

日本が国際社会で十分な敬意を得ていないというのはおそらく事実だろう。けれども、それはオリンピック招致に際して国際社会に対する広々とした、未来志向的なメッセージを発信することができないような国に対して下されている評価としてはむしろ適切ではないのかという懐疑しか、この文章から私は感じることができない。

（2013年1月21日）

混迷の時代にこそ必要な能力とは

このコラムも今週で終わり。隔週で同じ欄に寄稿されていた養老孟司先生が勇退されて、来週からはレイアウトが一新される。私は引き続き新コラムを担当するが、もともと養老先生から「半分やってよ」というご依頼を受けて始めた仕事なので、養老先生がいなくなってしまうと、なんだか心細い。

聞けば私はこのコラムをもう5年間書いているそうである。

その間に政権交代があり、東日本大震災と福島の原発事故があり、尖閣・竹島での領土問題があり、維新の会が躍進し、自民党が復権し、民主党が凋落した。めまぐるしい日々だった。

私自身は大学を退職し、神戸の一隅に道場を構える市井の武道家になった。大学を辞めたらずいぶん暇になるだろうと思って、あれもしたいこれもしたいと指折り数えて楽しみにしていたのだが、予想に反して、在職中より忙しくなって、退職後にするはずだったことは（道場建設以外は）何一つ実現しなかった。

どうしてこんなに忙しくなったかというと、要するに日本社会がぐらぐら揺れているからである。社会が安定していて、価値観がぶれないときは「秀才」が仕切る。でも、前例を参照し、マニュアル通りにてきぱき働く「秀才」たちは、社会の土台がぐらぐらし始めて潮目風向きが変わる時期にはあまり役に立たない。

それよりは「鼻が利く」とか「皮膚で感じる」とか「胃の腑で考える」というタイプの、生物学的によりプリミティブな個体にあれこれとお座敷がかかるようになる。隠居には迷惑な話である。

「どうしていいかわからないときに、どうしていいかわかる」直感的な判断力はもともと生物には備わっている。

学生が教室に入ってきた教師を見て一瞬で点数評価をつけるという実験をアメリカ

でしたことがあるそうだ。その直感評価と1学期間授業を聴いた後の学生からの評価はほとんど違いがなかった。人間にはそういう力がある。混迷の時代に私たちが習得すべき最優先の能力はこれである。「この人は信用できるか、できないか」をロジックともコンテンツとも無関係に瞬時に判断する力である。まずこのコラムを読んで著者の信頼性を評価するところからお始めください。

（2013年4月29日）

五輪招致国の資格

2020年の五輪開催都市を決めるIOCの総会が始まる。最終候補に残ったのは東京、マドリード、イスタンブール。1988年の名古屋以来、08年の大阪、16年東京と3度連続招致失敗の後の4度目の夏季五輪挑戦である。首相、都知事は国内での招致機運を盛り上げようと懸命だが、私のまわりでは東京五輪が話題になることはほとんどない。

気分が盛り上がらない第一の理由は、福島原発の事故処理の見通しが立たない現状で、国際的な集客イベントを仕掛けることについて「ことの順序が違う」と感じているからである。

第二の理由は、招致派の人たちが五輪開催の経済波及効果の話しかしないからである。東京に招致できたら「どれくらい儲かるか」という皮算用の話しかメディアからは聞こえてこない。

「国境を越えた相互理解と連帯」とか「日本の伝統文化や自然の美しさを海外からのお客さんたちにどう味わってもらうか」というようなのどかな話題は誰の口の端にも上らない。

個人的には、五輪の本質は「歓待」にあると私は思っている。

64年の東京五輪を前にしたときの国民的高揚感を私は今でも記憶している。当時の国民の気持ちは「敗戦の痛手からようやく立ち直り、世界中からの来客を諸手で歓待できるまでに豊かで平和な国になった日本を見て欲しい」というある意味「可憐」なものだった。

「五輪が来ればいくら儲かる」ということは(内心で思っていた人間はいただろうが)人前で公言することではなかった。

理想論かもしれないが、五輪は開催国の豊かさや政治力を誇示するためのものではなく、開催国民の文化的成熟度を示す機会であると私は思っている。

五輪招致国であることの資格は、何よりも「国籍も人種も宗教も超えて、世界中のアスリートとゲストが不安なく心穏やかに滞在のときを過ごせるような気づかいを示せること」である。

だとしたら、日本の急務はハコモノ作りより、原発事故処理への真剣な取り組みと東アジアの隣国との友好的な外交関係の確立だろう。

事故のことを忘れ、隣国を口汚く罵倒する人たちが政治の要路に立つ国に五輪招致の資格があるかどうか、それをまず顧みた方がいい。


（2013年9月9日）

帝都の空が今より青く

〔2013年〕10月6日の朝刊に1940年の「幻の東京五輪」の英語版の計画書を発見した収集家の記事が出ていた。都庁にも博物館にもない貴重な史料だそうである。でも、私はこの計画書の仏語版を読んだことがある。スイス・ローザンヌの五輪博物館を訪れたとき、資料室の「日本」の棚に配架されていたからである。

はじめは64年の東京五輪の計画書だと思って、めくってみたのだが、出てくる首都の写真が私の知っている東京の姿とまったく違うので、あらためて表紙を見直したら40年五輪の計画書だった。そのまま日が傾くまで閲覧室で読み続けた。実現しなかったイベントの計画書というのは現実と夢想の中間に住む半透明の幽霊のような感じがした。

五輪の東京開催が決まったのは36年のことである。翌37年に日中戦争が始まり、38年に開催が返上された。だから、第2次世界大戦中の40年と44年（ロンドンが開催予定都市だった）は五輪が開催されていない。

この「幻の東京五輪」について、私はそういうものが計画されていたということしか知らなかった。だから、ナチスの政治ショーだったベルリン五輪に類したイデオロギー色のつよいページェントが構想されていたのだろうと勝手に思い込んでいた。たぶんでも、計画書を見ると、意外にも計画はずいぶんつつましいものだった。そ「こんな非常時にスポーツに興じる余裕があるのか」と言いかねない軍部や世論に気兼ねしてのことだろう、新規の建造物は少なく、「ありもの」が活用されていた。その競技場や選手村の写真を見て、私は二つの感想を持った。

一つは30年代の帝都の空はずいぶん広くて青かったということ（モノクロの写真な

のだが「澄み切った青空」であることはわかる）。

一つはこのときの五輪に出るつもりだったアスリートの多くはその後、戦争で死んだということである。

閲覧室の机に頬杖をついて私は「1940年に東京五輪が開催されていた世界」を空想した。村上春樹の『1Q84』のような「並行世界」的空想である。あのあとアメリカとの戦争を回避できた大日本帝国を想像した。帝都の空が今より青く、青年たちが今より物静かで朴訥な日本を想像した。

（2013年10月21日）

失敗に「備えない」のが日本のデフォルト

『エアポート'77 バミューダからの脱出』という映画が昔あった。ハリウッド・パニック映画である。先日テレビでその再放送を見た。予想通りの展開にあくびが出始めた頃に、バミューダ海域に沈んだボーイング747の引き揚げ作業が始まった。救出に向かった海軍司令官が艦橋の棚を開いて、番号を振られた分厚いマニュアルを選び出すと、「では、マニュアル通り救出作戦を開始する。これは演習ではない」と副官に告げたところでびっくりして眠気が飛んだ。

この救出作戦は水面下30メートルほどのところに沈んだ飛行機に浮輪を着けて、中にいる生存者ごと引き揚げるというかなりこみいったものである。それについてのマニュアルが艦橋に常備してあるという物語の「設定」に私は驚いたのである。

そして、一驚した後、アメリカというのは「そういう国」なのかもしれないと思った。つまり、「ありえなさそうな危機」を想像し、その対応策を講じておける知性を高く評価する文化があるということである。

残念ながら、そのような文化は日本にはない。わが国では、先の大戦における陸軍参謀本部以来「まさかこんなひどいことにはならないだろう」というような蓋然性の低い危機については対応策を考えなくてよいことになっている。

そして、味方がこれとこれに成功し、敵がこれとこれに失敗すれば、皇軍は大勝利するであろうというような机上の満点答案を書いているうちに、日本は歴史的敗北を喫してしまった。

「すべてがうまくいった場合」についてだけ考えて、「すべてが失敗した場合」については何も考えない。これが当今の日本人の流儀である。リスクの可能性を最小評価し、成功の確率を最大評価することの問題点は、高い確率で失敗することではなく

（それも困るが）、失敗の規模が破局的になるために、個人では責任の取りようがなくなることである。

こうして、地震についても汚染水漏れについても戦争についても、起きてほしくないことについては何も備えないことが日本のデフォルトになった。何か起きたら「次の選挙で落とせばいい」らしい。

（２０１４年６月30日）

あとがき

みなさん、最後までお読みくださってありがとうございました。

「まえがき」にも書きましたが、このエッセイは6年半続いています。やってみてわかったことは、900字のコラムは、書くのにいささかの工夫が要るということです。

ワンテーマを取り出して、それについての「寸評」を記して「おしまい」では字数が余る。でも、主題を詳細に論じて、複雑な思弁を弄するには字数が足りない。ちょっと中途半端な字数です。

長く書いているうちに、だいたいコツがつかめてきました。それは冒頭であるテーマを提示して「今日はこんな話をします」といったときに読者が「じゃあ、こんなあたりに話が落ち着くのかな」と予想した通りには絶対に書かないということです。

新聞の「読者の声」欄というのがあまり面白くないのは(ごめんなさい)、論理的でないとかコンテンツの質が低いとかいう意味ではなく、「提示部」と「結末部」がだいたいストレートにつながってしまっているからです。

2行くらい読むとこの人が何が言いたいのかわかってしまう。文章術的に言うと「ツイスト」が効いていない。「ツイスト」というのは、「屈曲」のことですけれど、水平的に「曲がる」というよりは、実際には問題を論じている「水準」が切り替わるということです。

例えば、ある音楽を論じていて、それについて世評と「ちょっと違うこと」を言うのは「ツイスト」とは言いません。それはただの水平移動。そうではなくて、音楽を論じていて、政治とか経済とか歴史とかに話の水準が移って、そのレベルから当該論件を眺めると、ふだんとは違う相貌が浮き立ってくるようにすることを「ツイスト」と呼ぶのであります。

僕がこの手法を学んだのは実は評論家や作家からではありません。昨年（2013年）に急逝されたわが恩師大瀧詠一さんからです。

大瀧詠一さんは音楽家です。60年代終わりに細野晴臣、松本隆、鈴木茂と組んだ「はっぴいえんど」というバンドで「日本語によるロック」の鼻祖《びそ》に擬されている方です。81年にミリオンセラーを記録した『A Long Vacation』はどなたも一度は耳にしたことがあるでしょう。でも、その大瀧さんの及ぼした最も影響力の大きい仕事はラジオのDJでした。

ただ、音楽をかけてその好悪や良否を論じるようなことを大瀧さんはされなかった。一つの楽曲がいったいどのような歴史的経緯を経て今あるこのようなかたちになったのか、それを調べられる限り調べて、それがどのような巨大な「氷山」の一角（どころか氷山のはしっこを砕いてオンザロックに入れた氷片）であるかを解明してくれました。

大瀧さんの解説を聞いてから改めて聴くと、これまで聞き慣れた楽曲がまったく違う奥行きと表情をもって迫ってくるという経験を僕は何百回、何千回と繰り返しました。

今でも一番記憶に残っているのは、NHK-FMで放送した「アメリカン・ポップス伝」の第18回目の「フォークソング特集」でした。

大瀧さんは1950年から58年まで、ウィーヴァーズの『グッドナイト・アイリーン』からキングストン・トリオの『トム・ドゥーリー』までの間、フォークソングが一曲もアメリカのポップス・チャートで1位になっていないという事実を「おかしい」と思いました。

ふつうはそんなこと思いません。「流行ってなかったんだろ」と思うだけです。

でも、大瀧さんはそうせずに、そこからマッカーシズムが50年代のフォーク・シンガーたちにどのような政治的圧力を加えたのかをさまざまな資料を駆使して明らかにしてゆきました。

淡々と歴史的事実だけを語った後、大瀧さんはFBIから活動停止を命じられていたウィーヴァーズのカーネギーホールでの56年の再結成コンサートのライブ録音盤をかけます。

音楽としてそれだけ聴いても十分に感動的な演奏ですけれど、大瀧さんの解説を聴いた後に耳に入ってくる歌声の陰影の深さはそれまで味わったものとはまったく別物でした。

１９７０年以降40年余、日本人の最良の批評活動は「批評家」という肩書きでメディアに登場してきた人々によってではなく大瀧詠一によって担われていたというのは僕の個人的確信です。個人的確信なので、みなさんにも共有してくれというような無理は申しません。

それに大瀧さんの「ツイスト」の手際については実際にDJを聴いてもらうしかなく、音源へのアクセスは容易ではありません。ですから、これはただの「感想」として聞き流してくださって結構です。

でも、この本を含めて、僕の批評的テクストは大瀧詠一のＤＪを理想とする思索と文体の試みだということは恩師の一周忌を前にここに書き留めておきたいと思います。

最後になりましたが、このエッセイを書きはじめるきっかけを与えてくださった養老孟司先生、コラムの最初の担当だった大波綾さん、現在の担当である山根祐作さん、そして今回編集の労をとってくださった中島美奈さんのご苦労とご支援にお礼を申し上げます。みなさんのおかげで本が一冊できました。どうもありがとうございました。

２０１４年８月

内田　樹

文庫のためのあとがき

みなさん、こんにちは。内田樹です。『大市民講座』が文庫化されることになりました。手に取ってくださったことについてお礼申し上げます。

単行本の「あとがき」を読むと、大瀧詠一さんが亡くなった翌年に単行本が出たことがわかります。それから3年経って、今度は文庫化されることになりました。単行本刊行時点で「過去6年半」分を収録したわけですから、現時点から起算すると、一番古いものは9年前に書かれていることになります。

「まえがき」でも「リーダビリティ」について少し書いていますけれど、それだけ時間が経ってしまった後になお時評がリーダブルでありうるのかどうか、僕にとってもたいへん気になるところです。

今回ゲラを読み返してみて一番経年変化が激しいのは「政治についての話」だということがわかりました。扱われている事件がどんな出来事だったのか書いた本人にも思い出せないというようなトピックさえ散見されます。それだけ主役の交代がめまぐるしかったということでしょう。

この時評を書いていた時期の政局のキープレイヤーだったのは、麻生太郎、鳩山由紀夫、菅直人、小沢一郎、福田康夫、与謝野馨、安倍晋三、橋下徹、石原慎太郎といった人々でした。いまだに当時と同じくらいの政治的プレゼンスを保持しているのはもうその半数にも及びません。鬼籍に入った方もおられます。それだけでも、政治プロセスの変化がいかにめまぐるしいものかわかります。

そのせいもあって、この時評の中で僕が書いた政治についての未来予測は「これから日本の政治プロセスはますます劣化するだろう」ということ以外はほとんど外れました。政治についての未来予測のむずかしさが改めて身にしみます。

けれども、予測が当たらなかったということをこうやってちゃんと記録しておくことは、けっこう大事だと思います。過去のある時点では「未来は霧の中だった」ということを僕たちはつい忘れがちです。何の根拠もなく、過去から現在まで、歴史は一本道を予定通りに進行してきた……という印象を持ってしまう。でも、そんなことはないんです。明日は何が起きるかなんて、ほんとうに誰にもわからない。

映画『バック・トゥ・ザ・フューチャー』で1985年から30年前の過去にタイムスリップしたマーティ（マイケル・J・フォックス）が、タイムマシンの発明者であるドク（クリストファー・ロイド）を探し出して、「未来のあなたによって過去に送り込まれたのだ」という話をなんとか信じさせようと悪戦苦闘する場面があります。

そのときに、半信半疑（というより一信九疑くらい）のドクが「じゃあ聞くが、1985年のアメリカ大統領は誰だ？」と尋ねる場面があります。マーティがうれしそうに「ロナルド・レーガン！」と答える、ドクが「俳優の？　よくそんな嘘がつけるな。だったら、副大統領はジェリー・ルイスだろう」とせせら笑うのです。たしかに1955年に「あと30年後にロナルド・レーガンがアメリカ大統領になるよ」と予言したとして、信じてくれる人はアメリカ市民の5％には達しなかったでしょう。

同じようにタイムマシンで今から5年前にタイムスリップして、「あと5年後のアメリカ大統領はドナルド・トランプだよ」と言ったらどうなるでしょう。『『アプレンティス』で『お前はクビだ！』って言っているあいつが？　よくそんな嘘がつけるな！」とアメリカ市民の99％が腹を抱えて笑ったでしょう（たしか『ダークナイト』でも、パーティにブルース・ウェインが遅れて登場したときに誰かが「今までドナルド・トランプがいたのよ」と言う場面がありました。そういう「にぎやかなパーティには必ず顔を出す人」だったんでしょうね）。

それくらいに先のことはわからないということです。ですから、こういうタイプの時評から得られる教訓の一つは、「なるほど、たしかに未来は霧の中なのだな」と深く得心して頂いて、3年後、5年後どころか半年後、1年後に日本社会がどうなっているかでさえ、現段階で適切に予測している人なんかどこにもいないということを改めて思い知ることだと思います。

それからもう一つ。

話がくるりと反転しますが、これくらいに長期にわたる時評を読み通すと、細部ではいろいろと「お門違い」なことを書いていますけれど、大筋において変わっていない現実もあるということがわかります。僕はそれを「強い現実」というふうに呼んでいます。

「強い現実」というのは、ある分岐点にさしかかって、右に行くか左に行くか迷ったとき、どちらの道を選んでも変わらない現実のことです。

一連の時評を通じて、僕がまったくぶれずに言い続けていることがあります。それは日本はアメリカの属国であり、主権国家ではない、ということです。主権国家でない国でありながら、主権を有していて、すべての政策を自己決定しているような「ふり」をしている。そのせいで、「国家主権の回復」という最優先の国家的課題は隠蔽され、果たされぬままに放置されている。これは集団的な自己欺瞞という他にありません。

日本人はこの現実から集団的に目を背けています。でも、現実から目を背けることができるのは、「それが現実だ」ということを知っているからです。知らなければ「目を背ける」というような芸当はできません。知らなければ、うっかり目を向けて、現実を知ってしまったということだって起こり得ますから。でも、そういう「事故」は起きません。だから、日本人はみんな知っているんです。自分たちがアメリカの属国民であり、主権国家の国民ではなく、国の運命を自己決定できないでいるということを知っている。

ですからもちろん「主権者」でもありません。国に主権がないのに、国民が主権者であるはずがないです。学校で憲法について学んだ時に「主権在民」と教えられても今一つぴんと来なかった方は多いと思いますが、それはどう考えても、自分がこの国の主権者だという実感がなかったからです。そして、その実感はたしかに正しいのです。

日本が主権国家でないことの証拠に、僕はさまざまな媒体を通じて「戦後の日本はアメリカの属国であり、主権国家ではない」と繰り返し書いていますけれど、かつて一度も反論を受けたことがありません。僕を論駁するのは実に簡単です。

「ふざけたことを言うな、日本は主権国家である。現に、アメリカの国益よりも自国益を優先させ、アメリカの要望を退け、アメリカを憤激させ、両国間の関係がいっとき緊張したが、それに屈することなく最後まで要求を貫いたという、これこれこういう歴史的事実があるじゃないか」と、実例を一つでも挙げてくれればよろしい。それ一つだけで、僕の立論は土台からがらがらと崩れます。でも、これまで誰一人そのような歴史的事実を示してはくれませんでした。

日本人は自分たちが主権国家の国民ではないという事実を意識下に抑圧しています。事実を直視し、それを実践的に補正するという努力を放棄してしまった。抑圧されたものは症状として回帰する。まことにフロイト先生の言う通りです。この言葉は日本の現実をみごとに言い表していると思います。

日本社会が罹患しているさまざまな病は「抑圧されたものの効果」なのです。この点については、表層的な現象がどれほど多様であろうとも、本質は変わることがありません。僕はそれを日本における「強い現実」だとみなしています。とりあえず、そのことがこの時評を通読することで明らかになるのではないかと思います。

でも、それでもそろそろ日本の病態にも僕は飽きてきました。

みなさんもけっこううんざりしてきているのではないでしょうか。そろそろ「新しいもの」が出てきてもいい頃です。

「新しいもの」は、つねに思いがけないところから、それまでとはまったく違う文脈の上に登場する。これは大瀧詠一さんが音楽について述べた言葉ですけれども、政治でも、経済でも、社会現象でも、文化的な創造でも、同じことが言えると僕は思います。

「まさか、こんなものが、こんなところから出てくるとは思わなかったよ」という言葉を（できれば喜びにあふれた）嘆息と共に発することができますように。

読者のみなさんと共に祈りたいと思います。

２０１７年６月

内田　樹

初出＝『ＡＥＲＡ』２００８年3月17日―２０１３年4月29日「内田樹の大市民講座」
２０１３年5月13日―２０１４年8月25日「ｅｙｅｓ」

〔　〕は編集部で付した注、各項末尾の日付は掲載号の発行日です。

直感《ちよつかん》はわりと正《ただ》しい
内田《うちだ》 樹《たつる》の大市民講座《だいしみんこうざ》

朝日文庫

2017年7月30日　第1刷発行

著　者　内田　樹

発行者　友澤和子
発行所　朝日新聞出版
〒104-8011　東京都中央区築地5-3-2
電話　03-5541-8832（編集）
03-5540-7793（販売）
印刷製本　大日本印刷株式会社

ISBN978-4-02-261908-2

朝日文庫

山崎　雅弘
[新版] 独ソ戦史
ヒトラーvs.スターリン、死闘1416日の全貌

第二次世界大戦中に泥沼の戦いが繰り広げられた独ソ戦。ヒトラーとスターリンの思惑が絡み合う死闘の全貌を、新たな視点から詳細に解説。

山崎　雅弘
[新版] 中東戦争全史

中東地域での紛争の理由を、パレスチナ・イスラエルの成り立ちや、中東戦史から解説。イスラム国などの新たな脅威にも迫る。《解説・内田　樹》

網野　善彦
中世的世界とは何だろうか

日本は「孤立した島国」ではなかった！　源平の時代から後醍醐まで広く深く日本の歴史をとらえなおす、若い読者におくる網野史学への招待。

阿部　謹也
近代化と世間

日本という「世間」でいかに生きるべきか――。西洋中世史研究と日本社会論とを鮮やかに連結させた、碩学の遺著。《解説・養老孟司》

野火　迅
使ってみたい　武士の日本語

「大儀である」「ぜひもない」など武士ならではの言葉207語を、池波正太郎、藤沢周平らの時代小説や、井原西鶴の浮世草子から厳選して紹介。

塩田　潮
日本国憲法をつくった男
宰相　幣原喜重郎

昭和の激動の中なかで平和主義を貫き、「憲法九条の発案者」とも言われる外交官の生涯を描く力作評伝。《解説・多田井喜生／保阪正康》